在经典建筑中遇见最美的数学

小学数学与建筑融合
课程实践研究

康黎 / 主编

东北师范大学出版社

长春

U0721468

图书在版编目（CIP）数据

在经典建筑中遇见最美的数学：小学数学与建筑融
合课程实践研究 / 康黎主编. — 长春：东北师范大学
出版社，2021.3
ISBN 978-7-5681-7524-1

Ⅰ.①在… Ⅱ.①康… Ⅲ.①小学数学课—教学研究
Ⅳ.①G623.502

中国版本图书馆CIP数据核字（2021）第054425号

□责任编辑：石　斌　　　　□封面设计：言之凿

□责任校对：刘彦妮　张小娅　□责任印制：许　冰

东北师范大学出版社出版发行

长春净月经济开发区金宝街 118 号（邮政编码：130117）

电话：0431-84568115

网址：http://www.nenup.com

北京言之凿文化发展有限公司设计部制版

北京政采印刷服务有限公司印装

北京市中关村科技园区通州园金桥科技产业基地环科中路 17 号（邮编：101102）

2021年3月第1版　2021年4月第1次印刷

幅面尺寸：170mm×240mm　印张：14.25　字数：222千

定价：45.00元

编 委 会

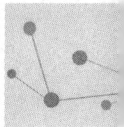

　　作为一名数学教师，我对建筑产生兴趣源自一位做建筑设计的家长，这位家长是一位爱心人士，非常有教育情怀，我们都叫他黄老师。他常年在我工作的学校里做义工为学生上木工课，给孩子们讲解建筑和木工的知识，带领孩子们动手制作木质建筑，为孩子们讲解建筑发展的历史。他带领孩子们运用建筑与木工的技术让名扬中外的名画《清明上河图》变成了真实立体的建筑场景，孩子们深深地被他讲授的建筑知识所吸引，我也因此与他有了更加深入的交流。黄老师有一间自己的木工厂，我有幸受邀去他的工厂参观，那里的东西真是琳琅满目，除了家具，还有很多有趣的玩具，这些玩具有可以动的木马、能转动的木头钟表、各种可爱的小房子、微型农具、桥梁模型等。据说，在课堂上被他当作教具使用过的玩具就有200多种。

　　我和黄老师从他给学生设计的"农耕""清明上河图""航海"三个项目学习的方案聊起，聊了很久很久，这让我对建筑、对中国古老的木工技法产生了浓厚的兴趣。于是我走进他的课堂，亲身感受学生在动手操作中，为了完成一件作品而对所需知识产生的渴望与兴奋。我们也聊到了建筑与数学之间存在的诸多关联，这让我产生了把建筑的相关知识引入数学学习中的想法。当有了这个念头之后，我长久地思考着一个问题：如何才能把建筑、把那些可爱的木艺玩具引入我们的课堂，让孩子们因此而喜欢上数学，并且在学习数学的同时又懂得学习这些知识到底用来做什么呢？让课堂上学习的知识在现实生活中找到去处，其实就是学以致用。我们的学生，特别是生活在城市里的学生，动手实践、感受知识真实用途的机会实在是太少了，但这种学以致用的能力恰恰是学校教育的重点。当我想到这些，立刻产生了将数学与建筑结合培养学生动手实践能力的冲动。

　　我迫不及待地与我身边的教育专家探讨这个想法的可行性，我得到了他们的鼓励，他们都认为把小学数学与建筑融合起来让学生在做中学、在做中悟、在做中求这条路虽然不容易，却意义非凡。专家们的意见坚定了我做这件事情的决心。我也把我的想法说给工作室的成员们听，我们很快对此达成了共识。

三年是我给自己规定的一个实验周期。我想通过三年的时间把小学数学6个年段的知识与世界著名建筑物的形成建立起内在联系，并且针对数学教学的知识点开发出对应的建筑类学具，让学生无论在知识上还是实践上都能找到这两者对应的点位。我更希望在数学与建筑融合的过程中让学生感受到建筑文化对人类的巨大影响和价值，从而解决在数学课上培养学生综合素养的问题，让学生从小就明白学习数学的真正意义。

这三年，我不断努力着，实践着。实验的过程很曲折，但是路越走越宽，与同行们的共识越来越多，我感觉到自己和团队成员的努力没有白费，是非常值得的。

这三年，我们从课堂实践的小范围尝试做成了市级课题的研究，又把市级课题的研究成果做成了品牌课程"造房子的小数学家"，其中有辛苦、有困惑，更多的还是在这个过程中体验到的成就感和使命感。如今，我把这走过的路细细地回忆起来、整理起来，发现过程是最快乐的，更是最宝贵的，过程就是事情的来龙去脉，经历过，后面用起来才得心应手。过程就是解决问题的思路和途径，经历过，后面遇到困难才会气定神闲。

感谢一路指导过我的师友，感谢志同道合的同伴，感谢来自另外一个领域的黄老师给予我的灵感，给予我的无偿支持与鼓励。

有你们同行，我快乐，我幸福，我笃定，是这样的快乐、幸福、笃定让我一直坚守着一份教育的情怀与初心在教研之路上不断前行。

2020年7月

于深圳

目录

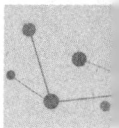

第一章

学科融合教育

第一节　学科融合的价值与意义

一、什么是学科融合

学科融合是指在承认学科差异的基础上不断打破学科边界，促进学科间相互渗透、交叉的活动。学科融合不仅是科学发展的趋势，也是学术研究产生重大创新性成果的方式之一。据统计，在1901—2008年颁发的自然科学类诺贝尔奖中，学科交叉的研究成果占获奖总数的52%，在各个被统计的时间段中，学科交叉研究成果占获奖总数的比例一直呈上升趋势。

从科学发展的历史进程来看，早期所有学科都是混沌不分的，直到19世纪初，自然科学、社会科学中的若干学科才分离出来，到20世纪上半叶，最终在大学中确立了自然科学、社会科学和人文科学中经典学科独立的学科地位。随着科学技术的不断发展进步和学术研究的不断深入，学科的分化是一个必然的结果，学科的分化也有效地促进了各学科的发展。但是从20世纪后半叶开始，由于研究一些复杂的问题需要多个学科的知识，学科之间又出现了融合的趋势，传统经典学科间的界限不断被打破，学科边界被重新分化，出现了大量交叉学科和多学科的研究领域，但这种学科的融合和早期所有科学混沌在一起却有着本质上的区别。前者的"合"是混沌不分，没有从本质上和内容上进行融合，只是将所有知识杂糅在一起，没有找到知识与知识之间的内在联系。后者的"合"是在承认学科差异的基础上不断打破学科边界，促进学科间相互渗透、交叉的活动，将学科之间的知识相联系，找到它们之间的内在联系和关系。

从教育的角度来看，学科融合并不是简单的跨学科教育或者将不同学科的知识放在一起传授给学生。学科融合是通过多门学科内容的加入，对课堂中的问题进行有效化解，更好地达成教学目标，并在问题解决的过程中培养和训练学生全面思考、运用多学科知识从不同角度去解决问题的综合素养。学生在进行学科融合的过程中能构建出完整的知识框架体系，这有助于学生形成多角度、宽视野的思维方式，也有助于培养创新思维，达到培养全面人才的教育目的。

二、学科融合的特点

1. 学科融合有助于培养学生多角度、宽视野的思维方式

当下我们所学习的每一门学科，都是按照本门学科的内容和特点进行编排的，是孤立的。学生在进行学习的过程中往往只能形成本学科的单一视角，面对问题时大多只能从一个角度进行思考和解决，这大大影响了学生解决问题方法的多样性，同时学生很难从其他视角去观察问题和分析问题。

每一门学科都不是孤立存在的，它们之间有着多样的联系。在进行学科融合的过程中，学生不仅仅是学习各个学科的知识内容，同时能发现各个学科之间的内在联系，将各个学科的知识内容进行串联，同时每一门学科都可以给学生提供一种观察事物的角度和思考方式，学科融合的过程也是学科思维方式的融合。这样建立起来的知识体系帮助学生形成了广阔的视野范围，使学生学习不再仅仅局限于单一学科，在解决问题的同时也给他们提供了更加丰富多样的方法。

2. 学科融合有助于培养学生的学习兴趣

我们在阅读和学习单一学科知识的过程中，会经常感到乏味和疲倦，这是人的生理和心理导致的，所以我们会在长时间的学习过程中选择多样化的学习内容，这样有助于我们缓解大脑疲劳。同样，教师在教学过程中运用学科融合，在课堂的一些易产生疲劳的时间节点加入相关的其他学科的知识内容，能很好地刺激学生的兴奋点，吸引学生的注意力，提高学生的课堂效率。

三、学科融合的方式

学科融合不是简单的学科知识的加入，而是要发挥不同学科资源的效果和作用。另外，学科融合不能没有主次之分，要以某一个学科知识为主，再进行

融合。最后，学科融合是因为实际需要而进行的融合，不是为了融合而融合，不是将不同的学科知识进行生拉硬拽的融合。

一般学科融合的教学方式以以下四种方式为主。

1. 主题式

主题式是一种以某一个主题为中心的整合模式，再将中心主题划分成不同的项目形式。例如，在探究某一地域的人口分布问题时，这个主题就涉及很多领域的知识，如地理、人文、经济等领域的知识，在研究的过程中，就可以将综合主题根据不同的角度划分成不同的项目进行研究学习。

2. 线索式

线索式是指通过对课程内部一个线索的探寻，不断牵引出其他学科的内容和知识。例如，在研究影响物体运动模式的课题中，我们就可以通过假设和验证来探究影响物体运动的因素。

3. 综合式

综合式是指将彼此相近的学科知识按一定线索有机整合成具有新的性质的课程。

4. 拼凑式

拼凑式是指将相近的几门学科组成一个大学科。

四、学科融合的意义

1. 学科融合是学习过程的必然要求

就学生学习和探究的过程来看，没有一种认知活动是靠一门学科知识就能完成的。学生的学习和认知是一项综合性活动，需要不同门类的知识同时进行，否则，这种认知就是片面的、浅薄的，无法走向丰富和深刻。学科融合的过程也是资源整合的过程，这样可以帮助学生更好地理解自己所学习的知识和思想。

例如，在学习语文课程《玩出名堂》时，一开始进行的是文章的学习，这是语文部分的知识，在讲到列文虎克通过玩放大镜发明了显微镜这个环节时可以插入物理学知识：放大镜和显微镜之间有着怎样的关系？这样便于学生更好地理解课文。在讲到列文虎克通过发明的显微镜发现了微生物这个环节时可以引入数学知识：为什么只有显微镜能发现微生物？显微镜的放大倍数是怎么计算出来的？同时还可以引入生物学知识：微生物是怎样的？这样一节课的知识内容丰富又具有趣味，同时将知识进行了融合和迁移。

2. 学科融合是学科内部学习的需求

纵观我们学习的各个学科，能在一个学科中发现另一个学科的影子，且每个学科都有其他学科的知识的参与。

例如，在学习物理"受力分析"的内容时，我们需要大量数学平面直角坐标系的知识来帮助我们分析一个物体的受力情况。在学习化学"动态平衡"的内容时，我们需要借助物理学的"布朗运动"知识来帮助我们理解为何温度会打破动态平衡，影响反应速度。在学习《赵州桥》这篇课文时，我们需要借助物理知识——拱桥的受力分析来帮助我们理解为什么赵州桥能在没有桥墩的情况下支撑。

这样的例子非常多，不胜枚举。在学习单一学科的知识时，我们需要应用其他学科的知识来帮助我们理解和分析。

3. 学科融合是培养学生全面发展的需要

学科与学科之间的割裂会给学生造成一种发展不平衡的恶果，这极大地影响了学生的整体素质。爱因斯坦曾经说过："学校的目的始终应该是年轻人离开学校时，是作为一个和谐的人，而不是作为一个专家。"而学科融合则是一种使学生平衡发展的教育形式，它可以使学生慢慢寻找和发现自己的兴趣爱好，给学生更多的选择和决定空间，满足学生个性发展的需求。同时，学科融合也是以尊重学生选择和学生个性发展为前提，以促进学生全面发展为最终目的的一种教学方式。当我们遇到综合性问题时，就需要具有全面的知识结构，各个学科的知识体系的交织有利于帮助我们解决遇到的各种复杂的社会问题。

第二节　学科融合教育的现状

一、国外学科融合教育的现状

国外学科融合的研究比我国要早，因此已有较高的水平，也产生了一些很好的综合性课程实例。课程融合的概念最早起源于美国，它包括自然科学、工程学、计算科学和数学，还包括了社会科学、心理学、社会学和哲学等。学科融合既可以理解为一种教学手段或教学策略，也可以理解为一门综合性课程。但不论如何理解，学科融合的目标都是利用多种学科的学习方式来培养21世纪社会所需要的具备创新能力和综合能力的人才。因此学科融合具备以下优势。

1. 让学习与真实的生活世界相联系

相信你在小学数学课上一定遇到过这样的问题：一池水，加满需要2个小时，放完要3个小时，进水口和排水口一起打开，加满水需要几个小时？其实，现实生活中不会有这种情况，因为这样不仅浪费时间还浪费水，学生对于这类问题常常会很困惑。诚然，这是我们根据现实问题抽象出来的数学模型，目的是让学生更直白地理解，但正是这种"善意"使得学生的学习丢失了一些乐趣。

如果我们设立这样一个项目：设计学校实验室，可以把它分成以下三个阶段来完成。

第一阶段，根据学生的学习和生活需求对实验室进行初步设计，并画出平面设计图，然后集体谈论。

第二阶段，可以考虑在不减少面积的前提下，如何使周长最少，这样可以减少材料的使用。

第三阶段，分析使用什么材料能使实验室的使用寿命更长。

这样的设计联系现实生活，可以培养学生对科学知识学习的兴趣，在设计过程中遇到难题时，学生能主动寻求新知识来帮助解决问题。设计实验室的项目中涉及的数学知识点非常多，包括平面比例、度量、周长、面积、函数、化学材料等。在传统教学中，这些知识点都分散在不同的单元、不同的年级。设计学校实验室这样的项目可以提高学生转化、迁移、运用知识的能力。学科融合教育将不同学科有机地融合，学生探究事物间的相互联系，在解决实际问题中学习知识。让学习与真实的生活相联系，这就是学科融合教育的第一大优势。

2. 在做中学，在学中思

学科融合课堂教学不同于传统的课堂教学。传统的课堂教学，教师会编制教案，设计好每一个环节，学生的学习都是按部就班地进行。学科融合课堂教学则是以学生为中心、实际问题为导向，并且十分重视课程之间的有机融合。例如，我们可以让学生设计建筑物以抵挡灾害天气，这样学生就要思考如何建造能使房屋更加牢固，选用什么样的材料更加安全，当然学生不一定要建造真实的房屋，他们只需要建造相应的房屋模型。在真实的情境下体验解决问题的迫切性，在实际操作中寻找解决问题所需掌握的知识，在设计解决方案时体验知识在实际问题中的应用。学生由问题导向产生一系列自发性学习行为，让学习更富于主动性、创造性，更有利于学生的全面发展。也许学科融合课程制作出来的作品只是一次性的，不能投入实际使用，但学生在制作过程中所培养的想象力、创造力、跨学科综合运用知识解决问题的能力才是最重要的。而以上所说的能力需要在实际操作、基于建构主义教学的体验式氛围下慢慢培养。

3. 实现以学生为中心的多元评价方式

学科融合的学习结果一般是一个设计、一个问题的解决方案、一份实验报告，或者一个模型，因此我们评价的内容可以是多维度的，可以从学生在学习过程中的体验程度、思想态度、情感状态、综合素质等方面进行评价，而不同于传统教学中用一张试卷来单一的评价。教师在学生解决问题的过程中要挖掘每一位学生的闪光点，因为学科融合更能展示学生与众不同的潜能。

传统教学评价形式较单一，学科融合课程的评价可以分为两部分：一部分以开放形式去评价课程结果，另一部分以考试的形式测试学生对知识的掌握程度。学科融合注重对学生综合能力和创新能力的培养，学生都是独立的个体，存在个体差异，我们在评价的时候不能对每一个学生都用同样的标准。因此学科融合课程评价除保留一部分测试用来检测知识的掌握以外，还应关注学生平时的课堂表现、能否解释团队的作品、与团队其他同学的合作。

学科融合根据自身课程特点，教师会在前期对每一位学生的知识储备有一个评价。在问题解决的过程中，学生需要向小组成员阐述自己的观点，接受来自小组成员的观察与质疑。在自己阐述以及和大家讨论的过程中，学生同样也在经历对自身的评价。因此学科融合课程的评价主体是多元的，这样的评价更注重学生之间的个体差异，对学生的评价更加全面。

二、国内学科融合教育的现状

国内也在积极研究学科融合课程，教育部结合我国国情也对学科融合课程的概念进行了调整。国外的学科融合课程更强调科学、技术、工程、数学理工科的融合，而国内更加强调多学科融合、项目式学习，学科不限于科学、技术、工程、数学等理工科类，有人文社科类学科的融合，也有人文社科与理工科之间的融合，学习更加全面，目的在于全面培养学生的实践能力、创新能力、解决实际问题的能力。因此我们不仅拥有国外学科融合课程的优点，综合课程也更加全面。下面给大家介绍一下深圳市开展的一些学科融合教学的优秀案例。

深圳荔园小学西校区开展的英语活动独具特色，充分体现了西校区"小班化、精品化、外语特色"的办学理念，更体现了学校提出的"多元教育"、学科融合的理念。荔园小学每届英语嘉年华都会选择一个主题。

例如，A Trip to Russia "走进俄罗斯"。在活动期间，荔园小学从俄罗斯的历史、地理、人文等方面入手来开展活动，同时，也把这个活动拓展到各个学科，让各个学科的教师都参与到活动中来，带领孩子们开展多姿多彩的活动，如布置专题校园展板、学习俄罗斯民歌、开展"俄罗斯知识知多少"知识竞赛、制作俄罗斯内容手绘等。

深圳福民小学进行的"全课程"课堂改革，也是学科融合课程的先行示范。让我们来看看福民小学二年级"全课程"公开课《我最好的朋友》。

"末末，我想给你介绍宝石蓝。

宝石蓝不只是一种蓝色，也不只是一种浅浅的蓝色。

它是一种光明，让世界变得不一样。

它有一种光，很美丽。

它代表着天空、大海和雨滴。

它也代表着汗水。

宝石蓝是世界上最光明的颜色。"

当二年级的小朋友在课堂上写出这样的句子，并把它大声地、自豪地、自信地读出来时，教师的内心是震撼的。不仅仅是这一个孩子，每个孩子心中都有一番对颜色的充满灵气的理解。

这个绘本讲述了小白鼠纳纳给盲象末末描述色彩的故事，纳纳对色彩的描述形象、诗意、美好，让末末领会到色彩的美妙。福民小学的"全课程"包班教师借助这个绘本，融入角色扮演等戏剧元素，让孩子们以小白鼠纳纳的口吻，为末末描述颜色，描述形状，设计围巾。虽然这只是一个带有故事背景的游戏，但正因为孩子们身处其中，所以才感受深刻，灵感泉涌，而语文、数学、美术、品德的教义也都包含在游戏中了。

第三节　小学数学与其他学科的融合

学科融合在教学中是必要的，而小学数学教学也需要与其他学科相融合。《全日制义务教育数学课程标准（实验稿）》明确提出："数学不应是一门孤立的学科，应融入各学科组成的大知识之中，所以要关注数学与其他学科的综合，要让学生善于应用数学，会学数学和喜欢数学。"

其实，数学课堂上存在很多学科融合的元素。随着学科融合的教育浪潮的来袭，教师们经常在教学过程中引入其他学科的新鲜元素。有的教师进行学科融合是为了营造多元的教学情境，有的教师引入文学题材是为了激发情感，使学生体验并内化。而必须要注意的是，小学数学与其他学科融合一定是基于数学教学目标，培养学生多方面的能力，使课堂更加有趣和有效的。

所以我们应该深入地思考：小学数学与其他学科应该怎么更好地融合。

在研究融合之前，我们必须了解小学数学教学的核心价值，以及我们为什么要融合小学数学与其他学科。

一、小学数学教学的核心价值

叶澜老师在《让课堂焕发生命的活力》一文中提出，中小学课堂教学应被看成师生人生中一段重要的生命经历，是他们生命有意义的构成部分。

第一，现代课堂教学的目标应关注人的全面发展，而不只是局限于认知方面的发展。学生在学习过程中，需要去感受、体验、理解、合作，以实现更全面的认识。

第二，数学课堂应以生为本。在传统的课堂教学中，学生扮演着配合教师上课的角色，教师的任务就是引导学生得到预计的答案，所以学习就变成一件被动、刻意的事情。教师要尊重学生的学情，站在学生的角度去思考问题，在组织教学的过程中接收到学生的反馈，在上课的过程中引导学生进行思考，特别是深度思考。

第三，教师对学科知识的再创造。对于教师而言，上好一堂课不容易。教师应对数学教学内容进行开发，对学科知识进行再创造，这样才能真正启迪学生。

二、小学数学与其他学科融合的必要性

（一）学科融合是学习认知的必然要求

学生的学习，是一项需要多门类知识参与的综合性活动，没有哪一项认知活动是单凭一个科目知识就能完成的。认识新事物需要学生动用大脑、眼睛、嘴巴、耳朵多个器官，课堂中需要学生去观察、阅读、思考、讨论、动手实践。因此小学数学教学要融合多学科的知识，联系生活与实际。

【案例】如何确定起跑线

《确定起跑线》是人教版《数学》六年级上册第5单元的内容，浙江省杭州绿城育华亲亲学校的胡早娣老师基于STEM理念设计了这堂数学课。

这堂课可以分为三个环节：发现问题、探究问题、学习反思。

环节一：学生通过观察、讨论，确定了要研究的核心问题是如何确定250米跑道的起跑线。

环节二：学生将核心问题分解成若干个小问题进行探究。

问题1：需要测量哪些数据？

问题2：有了数据，怎么把图画出来？

问题3：如何确定起跑线？

问题4：绘图有没有更好的方法？

问题5：如何解决跑道上线多的问题？

环节三：在对这几个小问题进行小组探究的同时，学生也亲自去操场上动手测量，借助了体育老师、信息技术老师的帮助，最后探究得到了起跑线应该怎么确定的结论。

比起在课堂上教师直接分享"确定起跑线"的经验和结论，这堂课的教学过程是一个综合性学习过程，需要利用各学科知识来解决问题，涉及体育、信息技术、数学画图等领域。学科融合真正把舞台交给学生，也顺应了学生的认知发展规律，通过这一系列的问题探究，学生学会了用数学的角度看世界，用数学的思维来解决实际问题。

【案例】YTL小学数学游戏课程

"YTL"是Yourself、Think、Learn的缩写，也是深圳市名教师姚铁龙的姓名缩写，同时也是"一条路"的缩写。YTL小学数学游戏课程遵循"儿童立场、生活视野、游戏表达"的基本理念，游戏的开放性与数学的探究性相结合，给"冰冷的数学"增添了"五彩的外衣"。在参与游戏的过程中，学生学习积极性高涨，不断思考和探索，可以更深刻地理解数学的内涵，感悟数学的思想方法，创造性思维也在其中生长。

游戏化教学理念是指教师通过将教学内容与游戏形式充分融合，使小学生可以在游戏化的实践活动中进行数学学习，符合新课改以学生为教学主体地位的要求。游戏化教学的主体是学生，教学模式更贴合学生的思维形式与学习能力，使数学教学内容与学生群体产生共鸣，达到更好的落实教学目标的目的。

较传统课堂而言，将游戏与数学相结合的这种方式，更加关注儿童的学习动机、学习兴趣和学习体验，指向儿童的自由生长。游戏化教学不仅促使学生能够有积极愉快的体验游戏，更重要的是使学生在游戏中探索数学、习得技能、锻炼思维和培养良好的情感。可以说，游戏化教学因为关注学生本身而具有永恒的价值，具有数学味、现实性和趣味性。

【案例】加德纳多元智能理论

美国哈佛大学著名心理学教授加德纳在20世纪80年代提出了多元智能理论，其中包括言语——语言智力、逻辑——数理智力、视觉——空间关系智力、音乐——节奏智力、身体——运动智力、人际交往智力、自我反省智力、自然观察者智力和存在智力九种智力，并从新的角度阐述和分析了智力在个体身上的存在方式以及发展的潜力。

在多元智能理论看来，每个人的智能特点是不一样的，如有的学生具有艺术天分，而有的学生具有语言天分；有的学生擅长代数，而有的学生擅长几何。我们在数学教学的过程中，要尊重学生不同层次的认知水平，通过学科融合的方式肯定学生的优势智能领域，提升学生的弱势智能领域。

（二）学科融合是学科教学的品质诉求

任何一个学科都不是独立存在的，都是与其他学科相互作用、相互联系的。我们在小学数学教学的过程中，会突然发现出现了其他学科的影子，有时便自然而然地引入其他学科的知识了。

1. 与语文学科元素相结合

李毓佩教授的数学故事系列，把数拟人化，童话里所有整数变成一个王国，每个数字都是王国中的一个角色，如0是国王，1是司令。

当我们以学生喜爱的童话接近学生时，学生会有更高的学习热情，并沉浸在数学童话的氛围当中。与此同时，很多诗词和数学的数有关。

比如语文学科中的古诗："百般红紫斗芬芳""万紫千红总是春"，学生可以观察并发现古诗中的数，从而体会花的颜色的多样性。

2. 与艺术学科元素相结合

2019年全国Ⅰ卷高考数学题引入了维纳斯，考查的知识是黄金分割。黄金分割在数学上的解释就是把一条线段分割为两部分，使较大部分与全长的比值等于较小部分与较大的比值，其比值是（$\sqrt{5}-1$）：2，近似值为0.618。很多考生只是记住了这个美丽的数字，却缺乏对黄金分割在生活中实际应用的思考。

维纳斯是古罗马神话中爱与美的女神，这次高考卷将数学和艺术之美结合在一起。很多艺术家根据数学的原理创造出世界闻名的艺术作品，如蒙娜丽莎的微笑、胜利女神像。音乐也与数学有着紧密的联系，早在公元前400年，毕达哥拉斯学派就发现音乐的韵律和整数之间有关联。数学也是美学，在自然和社会科学中发挥着越来越多的作用。

3. 与信息技术元素相结合

科学地、适当地使用多媒体技术对于小学数学教学同样有着重要的意义，信息技术可以更加直观、清晰地呈现抽象的数学。对于小学生特别是低年级学生而言，直观经验比书中的文字更加令学生记忆深刻。数学的学习除了思考，也要有仔细观察和动手实践的过程，从而帮助学生从具体形象思维模式向抽象逻辑思维模式过渡。

例如，几何中周长和面积的概念，可以通过投影中线、面的颜色区分开来。又如，代数中认识百、千、万大数，可以通过从一到十、十到百、百到千、千到万来进行动态展示。除了PPT、几何画板这些常用的软件，教师可以利用即时视频（图片）输出技术使数学课堂更加高效和生动。与此同时，学生在电脑课上要通过Scratch软件进行简单的编程和数学建模，尝试用数学的思想去认识其他领域，解决实际问题。马克思说，一门科学只有成功运用数学时，才算达到了完善的地步。

4. 与建筑元素相融合

康黎小学数学名师工作室开发了小学数学与建筑融合课程，团队运用自创的"数据分析运用模式"开展教学实践及经验总结，采用"6311"数据分析应用模式，让学生在经典建筑中遇见最美的数学。

小学数学与建筑融合实践课程是把建筑当作一个完整的载体，在尊重建筑原有的历史、文化、艺术等价值的同时，挖掘出建筑中的数学知识进行研究学习，让学生在建筑文化的基础上学习数学，同时在数学学习中感受建筑之美。例如，在该课程中，"黄金分割比"的项目能让学生感受到生活中的黄金比例及其美感；"快乐小屋"的拼搭项目极大地考验了学生的动手操作能力，同时也培养了学生细心耐心的品质；"百变校园"项目为学生提供了建设自己心中理想校园的机会，让学生在校园建设过程中感受数学与建筑结合的巧妙性；"图形的密铺"项目使学生在不断尝试密铺的过程中理解密铺的概念与要求，培养自主探索的学习方式。

5. 数学与多个学科的结合

STEM是科学、技术、工程、数学的简称，STEM课程主张学生基于真实问题进行探究性学习，该课程十分重视提升学生的数学素养。通过学习STEM课程，学生更加能够建立各学科的知识体系，并探究学科之间相互联系的过程。

STEM教育模式需要用到不同学科的知识来解决生活中的实际问题，其中也需要用到数学学科的知识和思维方式，这对于小学数学教学有着重大的借鉴意义。

深圳市福田区莲花小学四年级莲花山课程的主题是制作净水器，目标是让学生通过调查身边的水资源、考察附近的水域、制作净水器等活动，加强对于环境保护、珍惜水资源的认识和使命感。这其中缺少不了数学知识和方法的应用，如调查身边的水资源，学生要记录家庭一天、一周的用水量，并计算平均每个家庭成员的用水量。有的学生通过数学图表的形式呈现调查数据，并根据图表分析水资源的现状，从而制订节水计划。这个课题除了需要运用数学学科知识外，同时涉及观察水样、检测水质、了解净化水源的基本方法和步骤、做污水净化实验、做自来水和污水对照实验等知识。

通过上述实例我们可以发现，学科融合是学科教学的品质诉求。一堂课不仅体现于知识层面，更在于培养学生的能力，启迪学生的性情。数学与其他学科融合不仅体现在知识上的共同依托，还体现在学习方式的融合、思维方式的融合，这是一种深层次的融合，也是学科融合的意义所在。

（三）学科融合是提升学生综合能力的诉求

2000年发布的《基础教育课程改革纲要（试行）》就已指出："要改变课程结构过于强调学科本位、科目过多和缺乏整合的现状，重视课程的'开放性''综合性'，提倡不同学科相互联系、相互补充和相互渗透，整合学科知识、实际生活以及学生个人经验。"而在我国应试教育的大体制下，语文、数学、英语、科学、信息技术等各学科课程分科专门化，特别是高中对文理科进行分科学习，这使得学生的知识逐渐变得片面化，学生不能综合运用知识处理问题，不利于学生的核心素养发展。而学科融合正是针对这一现象的有力改革措施。

传统的教学中，教学活动都是分门分科进行的，知识的学习是相对分离和独立的，缺乏相关知识间的联系和整合。在学科融合课程教学下，教师可以以本学科知识为起点，联系其他学科相关知识点，进行课程整合。在这个过程中，知识是联动的，构建起丰富的知识框架，知识不再枯燥单一，变得有趣鲜活，开阔了学生的视野，激发了学生的学习兴趣。在学习过程中，在交叉学科的整合学习中，学科界限不再泾渭分明，我们以统一的主题、问题或基本的学习内容链接不同学科，使学生建立起系统的思维方式。教师可以以本学科的某一模块知识为出发点，与其他学科建立联系，构建整合课程内容，引导和启发学生融会贯通。在这种模式下，学生对知识的理解和掌握将有所提高，系统学习方法和逻辑思维也将获得提升，有利于综合能力的发展。

与此同时，这种跨学科整合的教学方式是学科间的优化组合，通过学科间的不断渗透和交叉，构建起丰富的学习场景，单一的知识有了应用的场景或需解决的问题。在知识层面上学生必须学会整合运用，学生的学习过程变得更加综合和创新，课堂的教育价值得到充分发挥。而且这种教学方式跨越学科的边界，将学生的学习和社会、实践打通，构建起学生的新常态学习生活，在实际生活情境中提升学生发现问题、解决问题的综合实践能力。

深圳市福民小学的"全课程"二年级教学案例"小猪威尔伯的故事"，就是在本课题主持人康黎的带领下完成的一个优秀的学科融合课程的教学案例。

课程以小猪威尔伯构建起一个生动鲜活的主题知识背景，各学科教师以此为出发点，融入本学科知识。数学老师着重于威尔伯的数学元素，威尔伯成了鲜活的课堂教具；音乐老师带领学生为威尔伯编唱安眠曲；美术老师带领学生为威尔伯绘制画册；语文老师则带领学生将与威尔伯相处的点点滴滴用日记记录下来……在这个过程中，学生的语文、数学、美术、音乐等学科知识得到了丰富，语言表达、艺术审美和解决问题的能力得到了提升。同时，课程不局限于课堂，课程的融合使得学科的课内知识与课外活动紧密连接。"防震演练中威尔伯在哪里"主题活动是一项成功的德育内容，提倡学生在保护自我的前提下帮助他人，体现了教育"以人为本"的要求，实现了学科育人目标。威尔伯寄宿活动，是对学生的另一个挑战，在此过程中，相关的生物知识、情感教育、生活能力培养均得到渗透。

在"小猪威尔伯的故事"这一教学案例中，知识不是单一的、枯燥的，它是联动的、生动的，问题是鲜活的，可以激发学生兴趣，问题解决过程中运用到的方法涉及各个学科，且课内外紧密结合，培养了学生的理解能力和综合运用知识解决实际问题的能力。在学习的过程中，学生自主发展、文化修养、社会参与三个维度的核心素养得到培养，学生的必备品格与关键能力得到整体发展，综合能力得到全面提升。

（四）学科融合是培养学生数学核心素养的需要

《义务教育数学课程标准（2011年版）》指出："数学教育就是要帮助学生真正理解和掌握基本的数学知识和技能、数学思想和方法，获得广泛的数学活动经验。"2016年发布的《中国学生发展核心素养》报告以培养"全面发展的人"为核心，分为文化基础、自主发展、社会参与三个方面，从人文底蕴、科学精神、学会学习、健康生活、责任担当、实践创新六个角度提出六大素养，并具体细化为国家认同等18个基本点。报告发布后，关于核心素养的讨论与落实成为教育界的热点话题。现阶段的教育理论阐明：各个学科的核心素养是学生在该学科学习过程中取得的能体现学科本质特征的关键成就，集中体现学科育人的价值。学生发展核心素养，需要各学科在教学中帮助其形成具有学科特质而又含有跨学科的关键能力和必备品格。

小学数学教育的最终目标是发展人，发展人的思维，培养现代社会每一个公民应该具备的数学核心素养，即数学抽象、逻辑推理、数学建模、直观想象、数学运算、数据分析能力。这对新时期的小学数学教育提出了新的要求。

北师大版数学教材中的"综合与实践"内容是小学数学教学中一个新的领域，是学生以体验生活、累积经验、应用知识、解决问题为主要任务的一种学习活动，具有自主性、综合性、研究性、生活性、开放性等特点，其主要类型有动手操作型、游戏探索型、课题研究型、社会实践型、主题阅读型、学科融合型等几种常见课型。学生在数学综合实践活动中通过观察、操作、交流、分析和整理等过程，理解数学问题的提出、数学概念的形成和数学结论的获得，参与、运用、创新意识和合作意识均得到培养，有效落实了学生数学核心素养的培养。在"综合与实践"内容中，以学科融合类课型效果最为突出。这一类课型主要将数学与其他学科进行相互联系，或是以某一个知识点为出发点，联系其他学科进行知识的拓展，所要解决的问题涉及面广。它不偏离数学学科特质，又使各学科综合，有别于一般的课堂，通过创设各种问题情境，呈现各种现实问题，培养学生的应用和创新意识，让学生的思维得到发展，提高数学建模能力。可以说，小学数学中的"综合与实践"部分是培养学生数学核心素养的有效途径，但这部分内容在一学期中一般仅占3个课时，加上部分教师在教学时采用传统教学方式，没有达到预期效果。

《义务教育数学课程标准（2011年版）》明确提出"数学不应是一门孤立的学科，数学应融入各学科组成的大知识之中。教师要关注数学与其他学科的融合，要让学生善于应用数学、会学数学和喜欢数学"。将数学与其他学科紧密结合、彼此渗透，具有前瞻性和现实意义。在学科融合过程中，学生才能德、智、体、美、劳全面发展，全面提升综合能力，落实核心素养的养成。

基于核心素养背景下的数学课程融合，是一门复杂但丰富有趣的艺术。数学知识的学习不再单一枯燥，在学科融合的过程中，其他课程的学科特点有效地对数学学科教学进行了补充和提升，使数学教学最大限度地实现育人效果。

同样以福民小学二年级"全课程"案例"小猪威尔伯的故事"为例。

传统的教学方法是，让学生用各种测量工具对课桌、教室、操场等进行测量，缺乏一定的背景和人文底蕴，课堂活动和解决问题的方法较为单一。而学科融合后，测量不再是单一的数学内容，它基于解决威尔伯实际生活中的相关问题，在课堂教学中创设引人入胜的学习情境，丰富学生的情感体验，激发学生的学习需求，在长久的实际课堂和生活中，让学生浸润于丝丝入扣的文化中，让学生带着情感去亲近数学，感受数学的魅力与实际价值。而在测量小猪的相关数据中，学生完全成为课堂的主人，自己动手去测量小猪各个部分的长度数据。由于小猪"不配合"，测量活动有了新的需要，学生间的合作学习自然产生了。在这个过程中，学生大胆地展示了自己运用知识的能力，合作学习的态度和技能也得到了培养，思维得到了启发，学生处于积极的活跃的人际情感交流和知识学习情绪中，有利于核心素养的养成。在另一个知识点"重量"的学习中，学生基于语文素养，自然将《曹冲称象》的故事迁移到"同学称威尔伯"中，有效解决了实际问题，逻辑推理、数学计算和数据分析能力均得到提升。

通过数学与各学科的融合渗透和有效互补，学生的各种能力均得到逐步提升。与信息技术课程融合，加快了数学知识的传播速度，提升了学习的效度；与语文课程融合，提升了学生的人文素养；与美术课程融合，渗透了美育教育；与体育课程融合，让学生感受到数学的生动与趣味……数学与多学科的融合，使数学变得更丰富多彩，在其他学科的折射下，凸显其独特的魅力。在融合的过程中，课堂变得新颖、有效、有趣，学生真正享受数学课堂，融入数学课堂，数学核心素养培养得到有效落实。

第二章

小学数学与建筑融合学习实践

数学与建筑的融合，在小学数学教学实践中并不少见，如轴对称的建筑图片、观察建筑物之间的位置关系、刷漆问题、求建筑物地面和墙面的面积、抑或瓷砖数量等。但常见的小学数学与建筑融合案例往往浅尝辄止，仅仅把建筑中的某一元素作为数学教学素材加以运用，这对于建筑深厚的文化底蕴无疑是很大的浪费。在本书中，我们所进行的小学数学与建筑融合实践是把建筑作为一个完整的载体，尊重它原有的历史渊源、艺术审美、社会价值等，从中挖掘出数学知识进行研究学习，让学生在了解建筑文化的基础上学习数学，在增强学习兴趣和信心的基础上，拓宽学生知识的厚度与广度，让学生深刻感受到数学的价值，从而爱上数学。

一、数学与建筑融合的价值与意义

（一）数学与古代建筑

谈起数学，人们很自然地联想到小学学的图形、加减乘除计算，初中学的代数、平面几何等。这些数学学习内容由浅入深，由少到多，由简单到复杂，并与我们的生活有着千丝万缕的联系。说得规范一些，数学是研究客观物质世界中数量关系和空间形式的科学。

建筑是建筑物和构筑物的通称。建筑物是为了满足社会需要，利用所掌握的物质技术手段，在科学规律和美学法则的支配下，通过对空间的限定组织而创造的人为的社会生活环境。构筑物是指人们不直接在内进行生产和生活的建筑，如烟囱、水塔、堤坝等。从形态学来说，构成建筑形式的基本要素为点、线、面、体。点是所有形式中的原生要素，其他要素都是点派生出来的。例如，一个点展开变成一条线，一条线展开变成一个面，一个面展开变成一个体。建筑的所有形态都是依据点、线、面、体四个基本要素构成的，体现的就是一个"形"字。建筑从工程学上说，侧重的是工程计算，这是建筑构成的基础，也是建筑构成的手段。例如，把点变成线、把线变成面、把面变成体的量度，是建筑构成的重要特征。这在建筑工程中，是计算的基本内容。这里除建筑构成已表现出来的长度、面积、体积等特征外，"量度"还反映了重量、角度、强度等"量"和其他特征，这些归纳起来便是"数"。总之，建筑中的"数"与"形"，是对客观物质世界的数量关系和空间形式的一种表现，是人类为了适应环境的一种创造。

在建筑工程的实践中，我们会遇到各种各样"数"与"形"的问题。例如，在房屋设计中，既要进行各种技术经济指标以及荷载、内力、构件截面等数量的分析与计算，又要进行建筑、结构、水暖电工等图形的分析与绘制；在组织施工中，既要进行建筑资源如材料量、劳动力等数量的分析与计算，又要进行建筑资源使用的时间安排和空间布置等的分析与绘制。未来在实现建筑工业现代化的过程中，我们将会遇到更多的"数"与"形"的问题。

我们生活在各种建筑物林立的时代。无论是农村还是城市，只要有人居住的地方就一定会有建筑。好的建筑物不仅能够给人们提供一个遮风挡雨的温馨场所，还能够满足人们的审美需求，让人心旷神怡倍感舒适。建筑学的发展离不开数学。建造一座建筑物需要测量地、设计图纸、选购合适的材料，因此，数学在建筑学中的应用极为广泛。

几千年来，数学一直是用于设计和建造的很宝贵的工具，一直是建筑设计思想的一种来源。数学这一基础学科，作为人类认识自然、理解自然、掌握自然以及征服自然的钥匙和工具，也早已渗透到建筑学科的所有领域。数学为建筑服务，建筑也离不开数学，数学与建筑密不可分。

1. 数学思维为建筑设计拓宽了思路，创造了灵感

数学美是客观存在的，是自然美在数学中的反映。建筑在数学思维的启发下不断发展，为世界创造和谐美。拜占庭时期的建筑师们将正方形、圆形、立方体和带拱的半球等图形优雅地组合起来，建造了像君士坦丁堡的圣索菲亚教堂那样的建筑；埃皮扎夫罗斯古剧场的布局和位置的几何精确性是经过专门计算的，使其音响效果和观众的视域都达到了最大；圆、半圆、半球和拱顶的创新用法成了古罗马建筑师引进并加以完善的主要数学思想；文艺复兴时期的建筑物，有一种在明暗和虚实等方面都堪称精美和文雅的对称……

随着新建筑材料的发现，适应于这些材料的新的数学思想也应运而生。用各种各样的建筑材料，如石头、木材、砖块、合成材料等，建筑师们能够设计出任何形状的建筑物。在近代，人们能亲眼见到双曲抛物体形式的建筑物，如旧金山圣玛丽大教堂、抛物线形的机棚、模仿游牧部落帐篷的立体组合结构、支撑东京奥林匹克运动大厅的悬链线缆，以及带有椭圆顶天花板的八角形房屋、中国北京奥林匹克运动会的主场馆鸟巢与水立方等。我们常常称赞某个建筑"简约而不简单",正是因为建筑就是一种能够最终归结为数学的简约的艺术。

2. 建筑中蕴含的丰富的数学知识

（1）建筑中的几何学。建筑的几何学价值首先表现在简洁美。简洁产生重复性,重复演绎出高层建筑的节奏和韵律美,最终形成建筑和谐统一的审美感受。同时,简洁的形体易于协调,使不同的形体组合具有统一美感。

几何学的开端可以追溯到古埃及、古印度和古巴比伦。早期的几何学是关于长度、角度、面积和体积的经验原理,用于测绘、建筑、天文和各种工艺制作。通常认为,几何学是"geometry"的音译,其词头"geo"是"土地"的意思,词尾"metry"是"测量学"的意思,合起来即"土地测量学"。可见,建筑学与几何学的关联由来已久。

到了文艺复兴时期,人们普遍确信建筑学是一门科学。建筑的每一部分,无论是内部还是外部,都能够被整合到数学比例中。"比例"成为建筑几何学在文艺复兴时期的代名词,而心形、圆形、穹顶则是文艺复兴时期建筑的基本形式。只要人们用几何形式来诠释宇宙和谐的概念,就无法避免这些形式。在这一时期,建筑师追求绝对的、永恒的、秩序化的逻辑,形式的完美取代了功能的意义。

17世纪科学革命所揭示的宇宙是一部数学化的机器。这一时期法国最重要的建筑理论家都是科学家,在笛卡儿理性主义精神的引导下,一切问题讨论的基础都以理性为原则,数学被认为是保证"准确性"和"客观性"的唯一方法。笛卡儿通过解析几何沟通了代数与几何,蒙日则将平面上的投影联系起来,在《画法几何学》中第一次系统地阐述了平面图式空间形体方法,将画法几何提高到科学的水平。与传统的模拟视觉感受方式不同,画法几何切断了视觉与知识之间的直接联系,赋予建筑以不受个人主观认识影响的客观真实性,时至今日仍然是建筑学交流最重要的媒介。

（2）建筑中的黄金比。黄金比是指事物各部分间一定的数学比例关系,即将整体一分为二,较大部分与较小部分之比等于整体与较大部分之比,其比值为1∶0.618或1.618∶1,即长段为全段的0.618。0.618被公认为最具有审美意义的比例数字。

世界上有名的建筑物中几乎都包含黄金比。例如，法国巴黎圣母院的正面高度和宽度的比例是8∶5，它的每一扇窗户的长宽比也是如此。黄金比在线条、面积、体积上的体现比较明显，古希腊人运用得最多。古希腊人在建筑上所用的柱子，和符合黄金比的人身一样，有着一种节奏性的和谐，柱头和柱身的比例是1∶7。平面图形中，长和宽的比例是7∶1的长方形，是最美的。在立体建筑物方面，如果台阶、窗门以及整个建筑的高低比例都符合黄金比，则该建筑看起来非常和谐舒服。

在现代建筑中，许多著名的大建筑师都会在他们的设计中运用黄金比，如举世闻名的法国巴黎埃菲尔铁塔、当今世界第五高的自立式建筑加拿大多伦多电视塔（553.33米），都是根据黄金分割的原则来建造的。上海的东方明珠广播电视塔，塔身高达468米。为了美化塔身，设计师巧妙地在上面装置了晶莹耀眼的上球体、下球体和太空舱，既可供游人登高俯瞰地面景色，又使笔直的塔身有了曲线变化。更妙的是，上球体所选的位置在塔身总高度5∶8的地方，即从上球体到塔顶的距离，同上球体到地面的距离大约是5∶8，这符合黄金比的安排，使塔体外观挺拔秀美，具有审美效果。

（3）建筑中的拓扑学。拓扑学是几何学的一个分支。拓扑几何学和通常的平面几何、立体几何等欧式几何不同，主要是考虑一维、二维、三维或者四维的低维拓扑学。我们熟知的欧式几何是研究图形在运动中的不变性质，点、线、面、体之间的位置关系和度量性质。在欧式几何中，运动只能是刚性运动（平移、旋转、反射）。在这种运动中，图形上任意两点间的距离保持不变。因此，欧氏几何的性质就是在刚性运动中保持不变的性质，即图形的任何刚性运动都丝毫不改变图形的几何性质。而在拓扑中所允许的运动是弹性运动。在拓扑学里没有不能弯曲的元素，每一个图形的大小、形状都可以改变。拓扑学的非线性、不确定性与流动性颠覆了传统笛卡儿体系的稳定性，使得传统的形态等级变得模糊，各形态元素之间的互相依赖得到了加强。正是因为拓扑几何学形态变化的多维性和复杂性，随着计算机的普及，它可以在建筑、城市、园林等领域得到更广泛的运用。

园林拓扑学的研究方法是基于拓扑几何学的，因此，园林中的各个要素会相应地抽象为拓扑几何对象的点、线、面、体来研究，包括造景的四大要素：

建筑、花木、水、山石，以及由四大要素围合而成的园林空间。在拓扑几何学里，它们作为点的集合存在，边缘构成了约当曲线，线构成面，面构成体。各对象不仅可以平移、旋转，还可以进行拉伸、收缩、弯曲、扭转、接合、断裂等变化，构成一个复杂的数学模型和空间体系。从拓扑学角度探讨园林空间的演变形式，可将复杂的形体、空间体系抽象成数学模型，这样将美学与数学结合，将传统方法与现代思维结合，即可找到一种理性的研究方法，拓宽园林空间的变化幅度，为设计者提供一种新的设计途径。

3. 那些具有"数学美"的古代建筑

当我们看着巍峨飞动的长城、神秘悬疑的金字塔、雄浑博大的宫殿、明丽典雅的巴特农神庙、充满力量的埃菲尔铁塔……这些名动天下的古代建筑时，我们在深感它们美丽的同时，可曾想到这些宏大的建筑珍品里面隐藏着怎样的数学奥秘？

埃及胡夫大金字塔由230万块巨石组成，平均每块重达2.5吨，最重的达250吨。其几何尺寸十分精确，它的四个面正对着东南西北四个方向，其高度乘以109等于地球到太阳的距离，乘以43200恰好等于北极极点到赤道平面的距离，其周长乘以43200恰好等于地球赤道的周长。胡夫大金字塔的塔心正好是地球上各大陆的引力中心；通过塔底中心的子午线，正好把地球上的海洋和陆地分成相等的两半。如果把正方形的塔底的两条对角线延长，正好可以把尼罗河三角洲夹在里面（图2-1）。

图2-1

埃及胡夫大金字塔的底面积除以两倍的塔高，刚好是著名的圆周率 π = 3.14159。在胡夫大金字塔中，最神秘的还是塔中的墓室，它的长、宽、高之比恰好是3∶4∶5，体现了勾股定理的数值。你能说所有这些都出于巧合吗？

旧称为紫禁城的北京故宫是中国明清两代的皇家宫殿，位于北京中轴线的中心，是中国古代宫廷建筑之精华。北京故宫以三大殿为中心，占地72万平方米，建筑面积约15万平方米，有大小宫殿70多座，房屋9000余间，是世界上现存规模最大、保存最为完整的木质结构古建筑。北京故宫于明成祖永乐四年（1406年）开始建设，以南京故宫为蓝本营建，到永乐十八年（1420年）建成。它是一座长方形城池，南北长961米，东西宽753米，四面围有高10米的城墙，城外有宽52米的护城河。紫禁城内的建筑分为外朝和内廷两部分。外朝的中心为太和殿、中和殿、保和殿，统称"三大殿"，是旧时王朝举行大典礼的地方。内廷的中心是乾清宫、交泰殿、坤宁宫，统称"后三宫"，是皇帝和皇后居住的地方。故宫建筑采取严格的中轴对称的布局方式：中轴线上的建筑宏伟华丽，象征封建政权至高无上，轴线两侧的建筑相对低小简单、秩序井然，但同样给人一种庄严肃穆的感觉（图2-2）。

图2-2

印度的泰姬陵是完美的对称建筑。从远处看向泰姬陵园区的大门，你会发现：河道，水渠，建筑物，木板小道，树木种植的位置、品种、高度，乃至那小道上砖块构成的纹路都沿着中轴线完全对称。园区之外的集市，商铺的位置，以及亚穆纳河对岸的月影花园都遵循这个规律完全对称。进入建筑物中，你还将惊奇地看见一切仍然对称（图2-3）。

图2-3

　　山西太原双塔采用数学上的数列原理，创造出了丰富的曲线形态。中国古代有人将数列称为"叠涩"。叠涩是一种古代砖石结构建筑的砌法，即用砖、石，有时也用木材通过一层层堆叠向外挑出或向内收进；向外挑出时要承担上层的重量。叠涩法主要用于早期的叠涩拱、砖塔出檐、须弥座的束腰、墀头墙的拔檐，常见于砖塔、石塔、砖墓室等建筑物。我们可以通过数列来模拟建筑的曲线。虽然东西方都有这种思想，但是不同的建筑形式和材料、结构、工艺，让两个文明走向了完全不同的建筑风格（图2-4）。

图2-4

希腊雅典的帕特农神庙的构造利用的是黄金矩形、视错觉、精密测量和将标准尺寸的柱子切割成呈精确规格（永远使直径为高度的1/3）的比例知识。其立面高与宽的比例为19∶31，接近古希腊人喜爱的"黄金分割比"，因此具有独特的美感（图2-5）。

图2-5

赵州桥位于河北省赵县，建于隋代大业年间，由著名匠师李春设计和建造，距今已有1400年的历史。赵州桥只用单孔石拱跨越洨河，由于没有桥墩，既增加了排水功能，又方便舟船往来，石拱的跨度为37.7米，连南北桥堍（桥两头靠近平地处），总共长50.82米。这样的巨型跨度，在当时是一个空前的创举。

尽管赵州桥的石拱跨度很大，但拱矢（石拱两脚连线至拱顶的高度）只有7.23米。拱矢和跨度的比例大约是1∶5。可见桥高比拱弧的半径要小得多，整个桥身只是圆弧的一段。我们把这样的拱，叫作"坦拱"。

赵州桥为什么能屹立千年而岿然不倒？原来，拱桥的桥梁设计需要运用到受力图以及数学中的对称原理，哪怕是很小的误差都会导致桥梁在接下来的使用过程中发生坍塌。拱形具有坚固的特点，这是大部分桥梁要设计成拱形的原因，因为这种形状更坚固，可以使受力分散，进而使桥体的承重力增大（图2-6）。

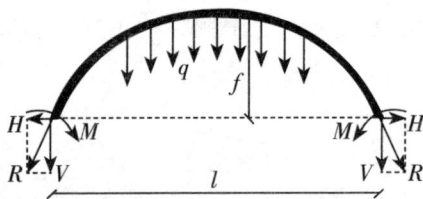

图2-6

于1889年建成的埃菲尔铁塔矗立在法国巴黎塞纳河南岸的战神广场，是当时世界上最高的建筑物。埃菲尔铁塔不是根据单一的拱形的数学公式设计出来的，而是通过绘图的结果来计算支撑铁塔风量需要的应力，即靠经验计算风力的作用一部分一部分建造的，无法用一个方程式来解释。埃菲尔铁塔中同样存在无处不在的黄金分割率，使得整个建筑看上去更加高耸挺拔（图2-7）。

图2-7

由此可见，建筑只有结合数与形，才更具有神韵。数学赋予了建筑活力，同时数学的美也通过建筑表现得淋漓尽致。当你在欣赏一座跨海大桥时，其实是在不知不觉中惊叹大桥的静定多跨结构中包含的数学美和自然美。千百年来，数学已成为设计和构图的无价工具，既是建筑设计的智力资源，也是减少试验、消除技术差错的手段。比例、与比例相关的均衡、尺度、布局的序列都是构成建筑美的要素。比例的均称与平衡、圆形的对称与和谐、曲面的柔软与变幻……总能不断地启发建筑师创造出更具和谐美和雅致美的建筑。

4. 建筑学融入数学教学的价值与意义

数学课程标准指出："数学教学应该从学生的生活经验和已有知识背景出发，为他们提供充足的从事数学活动和交流的机会，帮助他们在自主探索的过程中真正理解和掌握基本的数学知识与技能、数学思想与方法，同时获得广泛的数学活动经验。"课程标准为我们明确指出了数学教学的目标，即要让学生获得适应未来社会生活和进一步发展所必需的重要数学知识、基本技能以及数学思想方法，学会运用数学的思维方式去解决问题。同时也为我们指明了实现教学目标的途径与方法，即从学生的生活经验和已有知识背景出发，向他们提供充足的从事数学活动和交流的机会，帮助他们在自主探索的过程中获得知识与成长。尽管改革开放以来，开展教育教学改革取得了很大的成绩，转变教与学方式的余热仍在，然而深入观察后我们发现：课堂教学中，学生活动多思考少，思维多智慧少，有回答但无质疑，有探索但无创新……造成这些现象的根本原因，一是教材编排的知识内容远离客观真实的世界，与学生的实际生活相脱离；二是课堂上可供学生独立操作、探究的机会很少，被动、机械参与的情形相对很多。

数学既来源于生活，就该应用于生活。开设数学课程的目的不仅仅是让学生获得数学知识，学习数学思维，更重要的是让学生能够学以致用，为他们的终身发展打下坚实的基础。新课程背景下的数学教学，要求教师在创设问题情境的基础上，鼓励学生大胆想象、质疑、勇于求异，主动发现和提出问题。教师在教学过程中，能以学生在日常生活中的真实体验为前提，围绕某一个数学知识点，设置教学情境，启发学生发现与此有关的问题，然后让学生带着问题去学习，从而激发学生的创造欲望。

一直以来，我们都在尝试找到某个切合点，将数学知识与现实世界中的某些领域紧密联结起来，使学生能够深切感受到数学知识在现实世界中的广泛应用。不难发现学生的生活离不开建筑，他们成长的经历中也积累了很多关于建筑的经验。但学生不知道（或知之甚少）数学与建筑是如此密切相关，不知道数学课本上学习的数学概念长期以来在建筑学中运用之深、使用之广让人惊叹，不知道"建筑艺术因数学而美丽，数学魅力因建筑而生辉"的真正涵义。

因此，把数学与建筑学融合起来，既可以让学生更好地发现数学与建筑密不可分的关系，体会到数学知识的应用价值，又能激发学生学习数学的兴趣，拓宽学生的知识视野，进而提高教育教学质量，提升学生的综合素质。例如，笔者在教学北师大版小学数学六年级上册《圆的面积》一课时，就曾创设这样的教学情境：

师：我们曾经说过，圆是最完美的图形，因此它被人们广泛地应用于我们的生活中。[出示一些圆形门与窗的图片（图2-8）]

图2-8

师：这些圆形的门、窗极具中国特色，给人古朴的美感。

师：现代建筑也比较青睐圆形。这座现代大楼的窗户有何特色（图2-9）？

图2-9

生：窗户都是圆形的。

师：那么，老师的问题来了！如果要给其中的一扇窗户配上玻璃，需要多大的玻璃，如何解决这个问题？

生：需要知道圆形窗户的面积。

师：什么是圆形窗户的面积？（出示圆形，让学生指一指）

生：圆形里面平面的大小就叫作圆的面积。

师：今天我们继续来研究圆的面积。（揭示课题）

以学生比较熟悉的建筑景观创设学习情境，一下子拉近了数学与生活的距离，既让学生感受到建筑中的图形美，体验到数学问题来源于生活，又激发了学生学习的兴趣，为后面圆的面积的学习奠定了基础。

又如，我们研究团队的张鸿莺老师和她的小伙伴在研究北师大版小学数学教材六年级下册《比例的认识》一课时，是这样引入新课的：

（视频解说词）北京故宫是中国最宏伟、最完整的古建筑群，是中国古代宫廷建筑之精华，体现了古人高超的智慧以及精湛的建筑技艺。故宫建筑与数学密不可分。

师：故宫里有大大小小的宫殿70多座，我们今天所学的内容就蕴藏在这些宏伟辉煌的宫殿里。

师：请同学们观察这5张宫殿的图片（图2-10），哪几张图片像？哪几张图片不像？为什么？

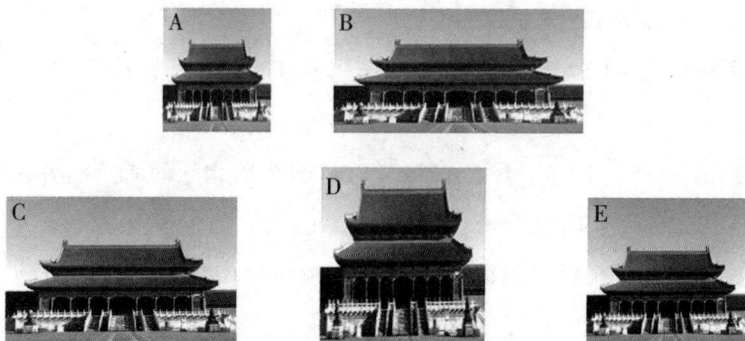

图2-10

生：A、C、E像。

师：看来大家都同意他的观点。数学是严谨的，看着像未必一定像，我们要用数据说话。现在老师给出图片的长与宽，你们能用以前学过的比的知识，结合数据说说怎样的两张图片像，怎样的两张图片不像吗（图2-11）？

图2-11

生1：比相等的像，比不相等的不像，如A和C两张图片，长与长、宽与宽的比相等，24∶6=4，20∶5=4，所以A和C就像。

师：两个比的比值相等，我们可以用什么符号把这两个比连接起来？

生：等号。

师：是的。（板书：24∶6=20∶5）

生2：图A长和宽的比是6∶5，6∶5=1.2；图E长和宽的比是12∶10，12∶10=1.2，所以A和E也像。

师：所以6∶5=12∶10。（板书：6∶5=12∶10）照样子，你们再说出几组。

师：像12∶6=8∶4，6∶4=3∶2这样表示两个比相等的式子叫作比例。

（板书：表示两个比相等的式子叫作比例。）

组成比例的四个数叫比例的项，两端的项叫比例的外项，中间的项叫比例的内项。

$$12 : 6 \quad = \quad 8 : 4$$

内项
外项

$12 : 6 = 8 : 4$，也可以写成 $\dfrac{12}{6} = \dfrac{8}{4}$。

师：判断两个比能否组成比例，关键看什么？

师：$6 : 5$ 和 $35 : 10$ 能组成比例吗？

从我国闻名世界的古建筑群——故宫入手，让学生在辉煌的宫殿群中初步认识比例，理解比例，体现了教师独具匠心的智慧，以及对大力弘扬我国传统文化的高度自信与历史责任感。

（二）数学与现代建筑

时光飞逝，随着数学思想的发展以及新建筑材料的发现，人们对一些新建筑材料的运用达到了最大。利用品种繁多的现成建筑材料——石、木、砖、混凝土、铁、钢、玻璃、合成材料（如塑料）、钢筋混凝土、预应力混凝土，建筑师们实际上已经能设计任何形状。建筑领域虽然突飞猛进的发展，但依然与数学保持着千丝万缕的联系。而数学的发展也为建筑领域注入了新鲜血液。我们现在已经目睹了各种建筑构造：巴克敏斯特·富勒的网格结构、保罗·索莱里的模数制设计、抛物线飞机吊架、模仿游牧民帐篷的立体合成结构、支撑东京奥林匹克体育馆的悬链线缆索，甚至还有带着椭圆形圆顶天花板的八边形住宅……数学与建筑相互成就，共同孕育出这些神奇不朽的杰作。下面就让我们一起来看看几个最引人注目的例子吧！

1. 富勒球

富勒是被称为"外星人"的美国建筑家，他设计的蒙特利尔世博会美国馆，被人亲切地称为"富勒球"。这样的轻质圆形穹顶造价低廉，建造迅速，今天已经风靡世界，随处可见。这种不需要柱、梁、拱顶等支撑物的建筑模式第一次出现在美国空军位于北极圈内的一处雷达站时，遭到很多人的怀疑。当时还有很多工程师打赌这圆顶会很快被大风吹倒，但是两年测试期满，它依然安然无恙。1967年富勒设计的20层高的圆顶建筑"富勒球"诞生后，球形建筑便开始在全球流行开来，并一直方兴未艾（图2–12）。

图2–12

有趣的是，"富勒球"中蕴含的哲学理念的影响力超越了建筑领域。两位美国化学家柯尔（Robert Curl）和斯莫利（Richard E.Smalley），以及英国化学家克罗托（Harold W.Kroto）从"富勒球"的造型结构中获得启发，发现了具有特殊结构的新碳球C60——"巴克敏斯特·富勒烯"。三位化学家最终凭借这个发现获得了1996年的诺贝尔化学奖。

2. 悉尼歌剧院

悉尼歌剧院（Sydney Opera House）由丹麦建筑师约恩·乌松（Jorn Utzon）设计，位于澳大利亚悉尼市北部，是悉尼市的标志性建筑，也是20世纪的特色建筑之一和世界著名的表演艺术中心。它的外形像三个三角形翘首于海边，屋顶是白色的，形状犹如贝壳，因而有"翘首遐观的恬静修女"之美称。这些"贝壳"依次排列，前三个一个盖着一个，面向海湾依抱，最后一个则背向海湾侍立，看上去很像是两组打开盖倒放着的蚌。高低不一的尖顶壳，外表用白格子釉瓷铺盖，在阳光照映下，远远望去，既像竖立着的贝壳，又像两艘巨型白色帆船飘扬在蔚蓝色的海面上，故有"船帆屋顶剧院"之称。该建筑1959年3月开始动工，于1973年10月20日正式竣工交付使用，共耗时14年。2007年6月28日悉尼歌剧院被联合国教科文组织评为世界文化遗产（图2–13）。

图2-13

从数学上来说，悉尼歌剧院的各部分实际上是同一个被拨开的球体的扇形部分，而且这些扇形同属于一个球面方程。为什么要这样设计呢？这是因为球形或椭球形中的任何一个点受力，力都可以向四周均匀地分散开来，所以球形或椭球形具有坚固的结构特点。这种现象在生活中随处可见，如椭圆形的生鸡蛋很难用手握碎；电灯泡的玻璃壳很薄，但做成球形的电灯泡却比较坚固；巨大的贮油罐一般都做成球形，等等。此外，安全帽盔、锅盖、雨伞等物品的设计里也有类似的原理。

3. 北京凤凰国际传媒中心与长沙中国结步行桥

把一张纸条扭转180°后将两头粘起来，即可做成一个魔术般的"莫比乌斯带"。莫比乌斯带只有一个面——单侧曲面，一只小虫可以爬遍整个曲面而不必跨过它的边缘。北京凤凰国际传媒中心的设计灵感就来自莫比乌斯带。大楼采用钢结构体系，打破传统的思维，运用现代先进的参数化非线性设计，即不是通过画图，而是借助设计师的经验和数字技术协同工作，运用编程来完成大楼的设计与施工。在这个庞大的"莫比乌斯带"内，每一个钢结构构件弯曲的方向、弧度以及长度都是不一样的，而这所有的不一样，成就了这座雄伟的、独一无二的建筑（图2-14）。

图2-14

　　湖南长沙的中国结步行桥位于梅溪湖上，设计灵感同样来自莫比乌斯带，只不过与凤凰国际传媒中心大楼不同的是，大桥还融入了中国结元素。其独特的中国结造型为坚固的桥梁注入了柔美的气质。如缎带般优美柔和的人行桥，仿佛舞者的水袖掠过梅溪湖。设计还巧妙采用了多种工艺，使行人可在不同高度选取路线过桥。此桥的设计不只是杂糅了中国结和莫比乌斯带，行人在选择行走路线时，其实也相当于是向著名的"七桥问题"致敬，因此它又被评为"世界最性感建筑"（图2-15）。

图2-15

4. 北京水立方

　　膜结构建筑是21世纪最具代表性的一种全新建筑形式，已成为大跨度空间建筑的主要形式之一。它集建筑学、结构力学、精细化工、材料科学与计算机技术等为一体，建造出的具有标志性的空间结构形式，不仅能体现结构的力量美，还充分体现建筑师享受大自然浪漫空间的设计理念。

中国国家游泳中心——水立方，采用世界上最先进的环保节能材料聚四氟乙烯膜建成，是世界上最大的膜结构工程（世界上只有三家企业能够完成这个膜结构）。"水立方"占地7.8公顷，却没有使用一根钢筋、一块混凝土，其墙身和顶棚都是用细钢管连接而成的，有1.2万个节点，只有2.4毫米厚的膜结构气枕像皮肤一样包住了整个建筑，最大的一个气枕约9平方米，最小的一个不足1平方米。水立方的整体建筑是由3000多个气枕组成的，这些气枕形状各异，覆盖面积达到了10万平方米，堪称世界之最。水立方的气枕是通过事先安装在钢架上的充气管线充气变成"气泡"的，整个充气过程由电脑智能监控，并根据当时的气压、光照等条件使"气泡"保持良好状态。这种像"泡泡装"一样的膜材料有自洁功能，使膜的表面基本上不沾灰尘，即使沾上灰尘，自然降水也足以使之清洁如新。此外，膜材料还具有较好的抗压性，人们在上面玩"蹦蹦床"都没问题。如果万一出现外膜破裂，根据应急预案，可在8个小时内把破损的外膜修好或更换新膜。此外，水立方晶莹剔透的外衣上面还点缀着无数白色的亮点，被称为镀点，它们可以改变光线的方向，起到隔热散光的效果。跟玻璃相比，水立方的膜结构可以透进更多的阳光和空气，从而让泳池保持恒温，能节电30%（图2-16、图2-17）。

图2-16

图2-17

5. 上海阳光谷

上海世博园里有6个巨型"阳光谷"，其中最大的顶部直径97米，底部直径20米，是中国第一，也是世界罕见的索膜结构建筑（图2-18）。阳光谷的基本构建采用了方形钢管而不是圆管，几根方管交汇于同一点，被称为"节点"。

阳光谷外表的网状形态就是由大小不一的节点连接而成。每个阳光谷大概有3000个节点，这些节点可以算出来却无法在图纸上画出来（图2-19）。顶上的膜结构采用了国际上强度最高的膜材，其设计的张拉力每米达5吨。上海世博园的世博轴平台上没有柱子，膜材要靠31根外桅杆、19根内桅杆以及817根钢索来拉住，而且要拉力均匀。巨大的桅杆与斜拉缆索组成的特殊结构，与巨型的白色膜布浑然天成，其特殊之处在于柔性。白色膜布的最大风摆幅可以达到上下3米，大风吹来，膜布能随风起舞（图2-20）。阳光谷作为上海世博园夜晚与白昼的光源，如同水晶一般将阳光、绿化和自然空气引入地下各层空间，并通过地面和天花板的连续反射，与水面或绿地的光线形成呼应。

图2-18

图2-19

图2-20

6. 美国旧金山圣玛丽大教堂

建筑学家们为了降低建造成本，通常采取化曲为直的做法。所以一些现代建筑师喜欢做曲面的建筑——用种类有限而数量巨大的多边形来拼合出建筑物的外表皮。其实这样的设计蕴含着极其复杂的算法，常常是各大曲面设计所的核心机密，因为建筑物表皮的流畅程度是评判一个设计所算法好坏的标准。

美国旧金山的圣玛丽大教堂采取双曲抛物面的结构，也叫作"马鞍面"。马鞍面是罗氏几何的一个重要模型。建筑物的顶部是一个2135立方英尺的双曲抛物面体的顶阁，楼面的上方有200英尺高的围墙，由四根巨大的钢筋混凝土塔支撑着，该塔延伸到94英尺的地下，每座塔重达900万磅。墙由1680间钢筋混凝土结构的库房组成，含有128种不同的规格。该设计出自美国本土设计师P. A. 鲁安、J. 李，罗马的工程顾问P. L. 奈维，马萨诸塞州工程学院的P·比拉斯奇等人。在剪彩仪式上，当人们问到对于该教堂米开朗基罗会怎么想时，奈维回答道："他不可能想到它，这个设计是来自那时尚未证明的几何理论。"如此复杂的结构，没有数学理论的支撑是不可能实现的（图2-21）。

图2-21

7. 广州塔

广州塔（俗称"小蛮腰"）是中国第一、世界第二高电视塔，仅次于东京天空树电视塔。"小蛮腰"拥有多个世界之最：塔身168～334.4米处设有"蜘蛛侠栈道"，是世界上最高最长的空中漫步云梯；塔身422.8米处设有旋转餐厅，是世界最高的旋转餐厅；塔身顶部450～454米处设有摩天轮，是世界最高的摩天轮；天线桅杆455～485米处设有"极速云霄"速降游乐项目，是世界最高的垂直速降游乐项目，超过了拉斯维加斯游乐场300多米高的跳楼机；天线桅杆488米处设有户外摄影观景平台，是世界最高的户外观景平台，超过了迪拜哈利法塔的442米室外观景平台，以及加拿大国家电视塔447米的"天空之盖"的高度。

广州电视塔的外形是典型的单页双曲面，即直纹面。单页双曲面的每条母线都是直线。通俗来说，虽然"小蛮腰"看上去中间细两头宽，外边是光滑的曲线，但事实上每一根柱子自下而上都是直的。所以广州塔是一堆笔直的钢梁柱子斜着搭起来的。这样的构造可以减少风的阻力，同时，也可以以最少的材料来维持结构的完整。除了广州塔以外，生活中许多发电厂和冷却塔也是这种结构（图2-22）。

图2-22

8. 广州大剧院

被人们称为"圆润双砾"的广州大剧院，与周边林立的高楼大厦构成鲜明的对比，其主体建筑为黑白灰色调的"双砾"，如两块被珠江水冲刷过的灵石，奇特的外形充满奇思妙想。如此现代前卫的建筑造型，出自第一位获得"普利兹克建筑奖"的女性设计师——世界著名设计师扎哈·哈迪德之手。该建筑是她首次完成的大型建筑设计，也是她在中国的第一件作品。

广州大剧院的设计突破了以往建筑的结构特点，外围结构强烈的凹进凸出的不规则折面与内部大跨度、大悬挑、倾斜的剪力墙柱，形成复杂的不规则建筑空间，没有一根垂直的柱子，没有一面垂直的墙，像块"石头"的外观到处是扭曲倾斜的，曾被业界认为"这是不可能实现的建筑设计"。它的建筑结构特立独行地采用了"铸钢结构"，每一个钢件都是分段铸造再运到现场拼接的，每一个节点的制造、安装均要在空中进行准确的三维定位，目前国内对如此复杂的钢结构还没有规范可循，因而，无论是设计师还是建设者都只能摸索着进行。这个外形简洁、内藏玄机的建筑，拥有5000多块玻璃和75000块石材，这些玻璃与石材大小相同，形状各异，让人咋舌。为观赏者们提供了无穷想象空间的广州大剧院，深受摄影爱好者的追捧。摄影爱好者说，每次来大剧院看到的都不一样，每次都能拍出让人惊喜的效果（图2-23）。

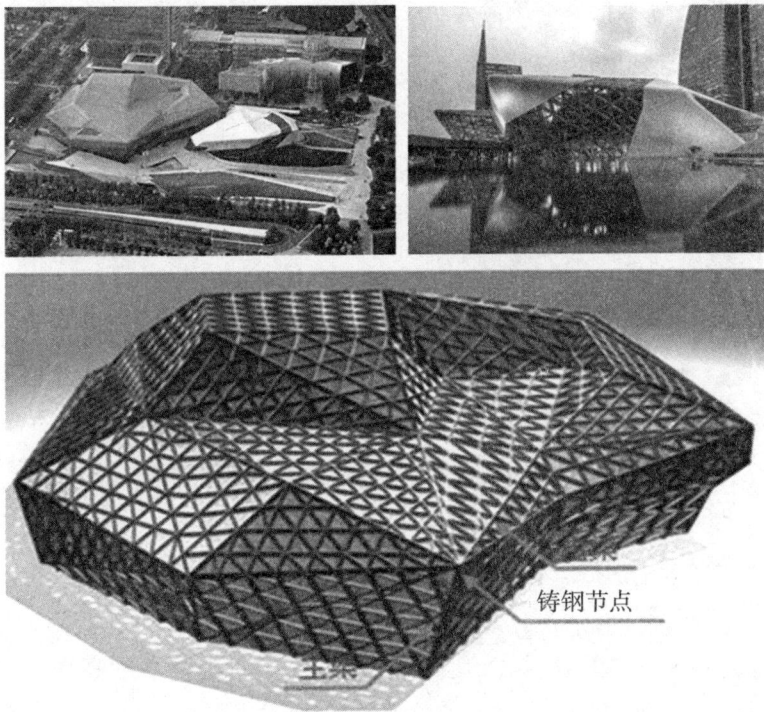

铸钢节点

图2-23

综上所述，建筑是一个进展中的领域，建筑师们不仅利用过去的思路，同时又创造新的设计思路，但归根到底，建筑师的任何设计想象，都离不开所设计结构的数学和材料的支持。由此我们可以得出结论：数学与建筑的联系不仅体现在数学几何对于建筑外观的设计方面，数学与物理力学对于建筑设计的可实施性方面，还体现在数学在建筑设计的功能方面所扮演的重要角色。数学在建筑设计中的充分运用，使得建筑设计更趋于逻辑、规律，透露着秩序的美感。数学对于建筑设计的辅助，使得建筑设计更加理性，更加符合人类的居住需求。可以说数学在人类建筑史上扮演着无可替代的重要角色。在未来，我们有理由相信，数学将用它的智慧在建筑史上创造新的神话和奇迹。

作为一名新时代的数学教师，该如何在教学中让学生体会数学在建筑设计中的广泛应用，体会建筑中包罗万象的数学文化与人文情怀呢？笔者在设计北师大版教材二年级下册第六单元《认识角》一课时，曾努力做过一些尝试。

【教学内容】

北师大版教材二年级下册第六单元《认识角》第1课时。

【学习目标】

（1）结合生活实际，经历从实际物体中抽象出角的过程，直观认识平面图形中的角，知道角的各部分名称。

（2）结合直观操作活动，培养学生的观察能力、动手操作能力，初步发展空间观念。

（3）结合学习活动进一步体会数学与生活、数学与建筑的联系，提高学习数学的兴趣。

【教学重难点】

重点：帮助学生形成角的正确表象，初步建立角的概念。

难点：通过直观感知抽象出角的几何图形，正确理解角的特征。

【教学资源】

课件、三角板、活动角。

【教学过程】

一、创设情境，揭示问题

1. 说一说

小朋友们，今天老师带来几样我们常见的物品，一起来看看吧！（课件依次出示剪刀、钟面、红领巾、小房子）虽然剪刀、钟面、红领巾、小房子长得都不一样，但它们身上却藏着一个共同的秘密，谁发现了这个秘密呢？（停顿2秒）请看大屏幕。（课件出示剪刀上的角、钟面上的角、红领巾上的角、屋顶的角）（图2-24）

图2-24

（有学生说出是角）师：刚才老师听到有同学说是角，孩子你真聪明，它们身上都有角。

（学生没有说出来）师：这就是藏在它们身上的秘密——角。（教学时尽量等待学生说出）

2. 比一比

赶快伸出你的小手，随老师一起比画一下这位新朋友。剪刀张开的两个刀刃组成了"角"，钟面上的时针和分针组成了"角"，红领巾中的任意两条边组成了"角"，屋顶的两条脊梁也组成了"角"。（角闪烁，学生跟着比画角）我们一起把这位新朋友请下来吧！这些都是角。

3. 想一想

孩子们，现在请你轻轻地闭上眼睛，想象一下角的样子，或者用你的小手比画一下。好了孩子们睁开眼睛吧，记住角的样子了吗？（真棒。）

【设计意图】

从学生熟悉的日常所见引入，以一个小秘密为导语，给学生神秘感，充分调动学生学习的积极性。在学生初步认识角之后又让学生比画角，闭上眼睛想象角的样子，这些活动更是为学生创造了充分认识角的空间，激发了学生的学习兴趣和求知欲。

二、探究发现，建立模型

1. 找角——直观感知

（1）实物找角。

师：孩子们，刚才我们在这三样物品上面看到了角，那你能找找教室里或者你身边哪些物体的表面也有角吗？

（教师注意引导学生指一指角，用手比画一下，尽量用语言引导学生正确比画角，不标准的要逐一纠正）学生可能指出以下物体上有角：

墙角（引导学生指一指，用小手比画一下，最主要的是与角落区分开，让学生比画出墙面上的一个角）。

桌角（引导学生说桌面上有角，然后比画出角的形状）。

黑板角（强调是黑板面上有角，让学生比画出角的形状）。

数学书（让学生带着数学书到前面来，这是学生触手可及的物品，一定要让学生充分感知角，可比画两次，教师规范动作）。

三角板（学生上前来，比画三角板上的角）。

（2）图画找角。

出示图片，找出画中建筑物上的角（图2-25）。

图2-25

引入中国建筑小知识：

正脊：俗称"大梁"，处于建筑屋顶最高处，是由屋顶前后两个斜坡相交而形成的顶端。从建筑正立面看，正脊是一条水平直线或两端上翘。

垂脊：建筑上自正脊两端沿着前后坡向下的脊梁，与建筑进深方向平行。

山墙：沿建筑物短轴方向布置的墙叫横墙，建筑物两端的横向外墙一般称为山墙。古代建筑一般都有山墙，它的作用主要是与邻居的住宅隔开和防火（图2-26）。

图2-26

教师指出：两条垂脊之间构成角；一条垂脊与正脊构成角……

【设计意图】

在直观认识的基础上，引导学生在周围的实物上找角，在建筑物图片上找角。根据实物与图片学生比画的不一定是真正意义上的角，只是角的形状，但这也是学生粗略地感知角的过程。这样安排旨在丰富学生对角的表象积累，使学生进一步感受数学与生活、数学与建筑的紧密联系，也为学生进一步认识角做好铺垫。

2. 画角——形成表象

（1）师：孩子们，你们真了不起，找到这么多角，那你能不能把找到的角画下来呢？（能）如果你觉得有困难的话，可以用描的方式把它们画下来。注意听清老师的要求：只画一个角，看谁画得又快又标准。

（给予学生充分的时间，相信学生会找到画角的方法。对于实在有困难的学生，教师可以引导描三角板上的角。教师巡视，收集想要的作品）

学生可能出现以下情形：

画成三角形、长方形等形状的。

画成交叉线的。

画的两条线没有连在一起的。

一条边画成弧线的。

顶点画成圆弧的。

（2）展示学生作品，交流画法。（教师要注意引导学生规范使用数学语言，准确描述错因）

师：孩子们，快看看自己画的角标不标准，如果不标准的话就修改一下。

（3）示范画角。

师：看到大家画得那么认真，老师也特别想画一个角。（示范如何画角）

【设计意图】

通过画角活动，让学生充分体验角是由一个尖尖的地方和两条直直的线组成的，为形成角的正确表象奠定基础。

3. 认角——建立概念

师：现在你们知道角是由什么组成的了，想知道如何来标记和读写角吗？

（1）自学课本P62。

二年级学生自学起来有一定难度，所以要做好巡视引导。

（2）同桌交流。

（3）全班交流。

师：谁来说说角是由什么组成的？（生：顶点和边。）

师：你说的顶点在哪里？（生：尖尖的地方。）

师：那我们就把尖尖的地方叫作角的顶点。

师：边在哪里？用你的小手比画一下。有什么感觉？（生：直直的，平平的。）

师：从这个顶点出发，向不同的方向，有几条直直的边呢？（生：2条。）

师：现在谁能说一下角是由什么组成的？（生：略。）

（4）角的表示方法。

师：我们知道了角由1个顶点和2条边组成，现在我们要把这个角介绍给朋友应该怎么办？

（师生共同明确：用一个小弧线从一条边滑向另一条边，表示这个角，写上数字1，记作∠1。同时注意让学生分辨角的符号"∠"与小于号"<"的区别。）

师：如果老师这里还有一个角怎么办？（可以画上小弧线，用∠2表示。）

师：请你把藏在书桌里的活动角拿出来给它标记一下吧。

（5）小结。

刚才我们共同认识了角（板书课题：认识角），知道了角有一个顶点和两条边，还学会了用一个小弧线和数字来标记角，知道了角的符号和表示方法。

【设计意图】

这一部分内容可以大胆尝试让学生自学。虽然自学对于二年级学生来说很困难，但是教给学生一种学习方法更为重要，让学生在自学过程中感受到获得知识的喜悦，在自学中获得成功的体验，提高学习数学的兴趣。

三、理解应用，强化体验

师：认识了角，那就让我们一起走进"角的世界"里去瞧一瞧吧！

1.辨别角

课件展示，让学生用手势表示哪些是角，哪些不是角，并说说不是角的原因。

2. 标记角

课件出示教材P62的题目，学生打开书在书上做标记，课件展示订正（图2-27）。

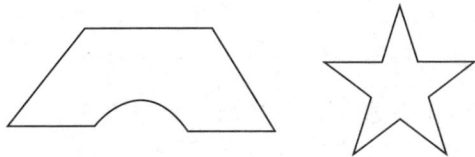

图2-27

注意：第一个三角形要找学生到前面指一指，引导学生用标准的标记方法指一指角。第二个五角星要找两名学生到前面来指一指，如果有学生能找到外角，一定要给予表扬鼓励。第三个图形随机处理。第四个图形强调底下的两个不是角。

3. 数角：出示教材P64第四题，让学生数角，集体交流

【设计意图】

这一环节教师要充分显示学生的主体地位，引导学生合作探索、汇报交流，通过及时反馈，掌握学生的学习情况。学生初步认识角以后让学生辨别角、标记角、数角，能加深学生对角的认识，训练学生的分析与判断能力，而且引导学生动手操作、画图，可加深学生对图形特征的认识，使学生形成初步的角的表象概念，这也充分体现了小学低年级几何教学的直观性。

4. 屋顶的角（图2-28）

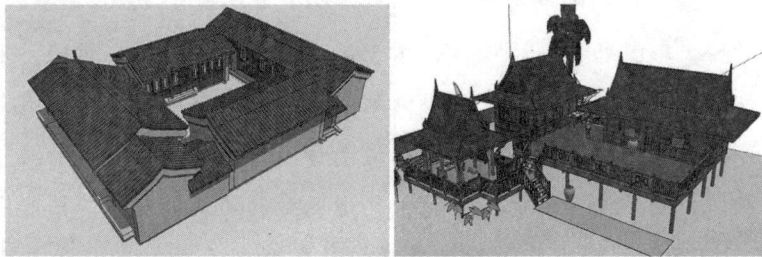

图2-28

观察屋顶两条垂脊构成的角，你发现了什么？

引导学生发现：左边房子的两条垂脊张开比较大，屋顶比较平缓；右边房子的两条垂脊张开比较小，屋顶比较陡峭……

插入小知识：

我国西北地区气候干旱，降水很少，屋面平缓，一般只是在椽子上铺上织就的芦席、稻草或苞谷秆，上面抹一层泥浆，再铺一层干土，最后用麦秸拌泥抹平就行了。这类房屋的防雨功能较差。屋顶很平，像个平台，屋顶上可以晒玉米、辣椒等，当地叫"仓房"。新疆的塔里木盆地和吐鲁番一带，气候极端干旱，晴日多，雨日少，年平均降水量不足50毫米，白天骄阳似火，夜晚寒气袭人，所以房屋的顶部都以泥巴抹成1尺多厚的平台，这样既可减少热量透入室内，又可用来暴晒粮食。房屋四周的泥墙厚度也在1米以上，房屋地基挖进地下一二尺，以阻止热气传入室内。另外，宅基四周及庭院里大量种植葡萄和白杨，一是遮阴，二是借此挡住热浪进入室内（图2-29）。

图2-29

我国南方地区气候暖湿，雨水多，房屋的屋脊就造得高，屋顶斜面就大。这样，夏天可以减小烈日照射的面积，不使热气过多地传入室内。另外，屋脊陡利于雨水下泄并削弱雨水对屋顶瓦面的冲力，如云南傣族、拉祜族、佤族、景颇族的竹楼，颇具特色。云南属热带季风气候，炎热潮湿，竹楼多采用歇山式屋顶，坡度陡，达45°～50°，下部架空以利通风隔潮，室内设有火塘以驱风湿。在高温多雨的热带地区，许多街道两旁有行人廊（俗称"骑楼"），如厦门、汕头、广州、南宁和台湾等地，街道两旁的商店楼房从二楼起向街心方向延伸到人行道上，形成长长的"走廊"。这种行人廊，在热带多雨的条件下，既可使行人避免骄阳直晒，又可解决避雨问题。生活在湘、桂、黔交界地区的侗族的风雨桥、廊桥亦是如此（图2-30）。

图2-30

四、总结归纳，提升经验

师：孩子们，今天老师和大家共同认识了一位新朋友"角"。谁来说说你都学到了角的哪些知识？（尽量鼓励学生说出自己知道的知识点，并能进行完整的表述）

师：请把今天的收获和爸爸妈妈一起分享一下，然后把它写成数学日记。

【设计意图】

前面"找角"的环节有埋下伏笔，让学生认识了什么是房屋的正脊、垂脊与山墙，在学生构建了正确的角的概念以后再让学生回到生活中、建筑上去找角，不仅可以巩固学生对角的初步认识，还能让学生体会到数学与生活、数学与建筑的密切联系，感受到数学学习的无穷乐趣。

为了帮助学生准确建立角的概念，理解角在生活中的广泛应用，教师结合教科书给的生活情境，加入小房子图，为后面进一步了解中国建筑的特点做好了准备。当学生认识了建筑物上的角以后，教师又适时介绍了正脊、垂脊、山墙等中国建筑中的小知识，使学生体会到数学知识在建筑上的广泛应用。最后通过"屋顶的角"这个环节，让学生既感受到角有大小之分，还感受到数学与建筑的密切关系，拓宽了学生的知识视野。

（三）数学与国外建筑

中国建筑与外国建筑最本质的区别是文化差异，它反映了物质和自然环境的差异，社会结构形态的差异，人的思维方式、审美境界的差异。

1. 建筑材料的不同，体现了中西方物质文化、哲学理念的差异

从建筑材料来看，在现代建筑未产生之前，世界上所有已经发展成熟的建筑体系中，包括属于东方建筑的印度建筑在内，基本上都是以砖石为主要建筑材料来营造的，属于砖石结构系统。诸如埃及的金字塔，古希腊的神庙，古罗马的斗兽场、输水道，中世纪欧洲的教堂……无一不是用石材筑成，无一不是这部"石头史书"中留下的历史见证。唯有我国的古典建筑（包括邻近的日本、朝鲜等地区）是以木材来做房屋的主要构架，属于木结构系统，因而被誉为"木头的史书"。中西方的建筑对于材料的选择，除由于自然因素不同外，更是不同文化、不同理念导致的结果，是不同心性在建筑中的普遍反映。西方以狩猎方式为主的原始经济，造就出重物的原始心态。从西方人对石材的肯定，可以看出西方人求智求真的理性精神，在人与自然的关系中强调人是世界的主人，人的力量和智慧能够战胜一切。中国以原始农业为主的经济方式，造就了原始文明中重选择、重采集、重储存的活动方式，由此衍生发展起来的中国传统哲学，所宣扬的是"天人合一"的宇宙观。"天人合一"是对人与自然关系的揭示——自然与人乃息息相通的整体，人是自然界的一个环节。中国人将木材选作基本建材，正是重视了它与生命之亲和关系，重视了它的性状与人生关系的结果。

不同的材质导致了不同的结果。今天，学者们只能从壁画、石刻中探寻一点点中国古建筑的英姿，东方建筑体系中唯美玲珑的民宅别院和恢宏大气的历朝宫殿都随着历史的脚步而腐朽消逝了。而那些西方建筑，从古罗马时代一直到后来的新古典主义，都有实体建筑留存。下图是大约2000年前的古罗马斗兽场（图2-31）：

图2-31

而同样是2000年前的汉代建筑，只能从汉墓陪葬品中一窥究竟了（图2-32）。

图2-32

2. 建筑空间布局的不同，反映了中西方制度文化、性格特征的区别

从建筑的空间布局来看，中国建筑是封闭的群体的空间格局，在地面平面铺开。中国无论何种建筑，从住宅到宫殿，几乎都是一个格局，类似于四合院模式。中国建筑的美又是一种"集体"的美。例如，北京明清宫殿、明十三陵、曲阜孔庙等，以重重院落相套而构成规模巨大的建筑群，各种建筑前后左右、有主有宾、合乎规律地排列着，体现了中国古代社会结构形态的内向性特征、宗法思想和礼教制度。与中国相反，西方建筑向高空发展，是开放的单体的空间格局。我们以北京故宫（图2-33）和巴黎卢浮宫（图2-34）来比较，前者是由数以千计的单个房屋组成的波澜壮阔、气势恢宏的建筑群体，围绕中轴线形成一系列院落，平面铺展异常庞大；后者则采用"体量"的向上扩展和垂直叠加，由巨大而富于变化的形体形成巍然耸立、雄伟壮观的整体。

图2-33

图2-34

从古希腊、古罗马的城邦开始，西方建筑就广泛地使用柱廊、门窗，增加信息交流及透明度，以外部空间来包围建筑，以突出建筑的实体形象。这与西方人很早就通过海上往来互相交往及社会内部实行奴隶制有关。古希腊的外向型性格和科学民主的精神不仅影响了古罗马，还影响了整个西方世界。如果说中国建筑占据着地面，那么西方建筑就占领着空间。譬如，古罗马科洛西姆大斗兽场高48米，"万神殿"（图2-35）高43.5米；中世纪的圣索菲亚大教堂（图2-36），其中央大厅的穹隆顶（图2-37）离地达60米。文艺复兴建筑中最辉煌的作品圣彼得大教堂（图2-38），高137米。这些庄严雄伟的建筑物固然反映了西方人崇拜神灵的狂热，更多的是利用了先进的科学技术成就给人一种奋发向上的精神力量。

图2-35

图2-36

图2-37

图2-38

3. 建筑发展的过程不同，表现了中西方对革新态度的差别

从建筑发展过程看，中国建筑是保守的。据文献资料可知，中国的建筑形式和所用的材料3000年不变。与中国不同，西方建筑经常求变，其结构和材料演变得比较急剧。从希腊雅典卫城出现的第一批神庙算起到今天已经2500余年

了，期间整个欧洲古代的建筑形态不断演进、跃变。从古希腊的古典柱式到古罗马的拱券、穹隆顶技术，从哥特建筑的尖券、十字拱和飞扶壁技术到欧洲文艺复兴时代的罗马圣彼得大教堂，形象、比例、装饰和空间布局都发生了很大变化，这反映了西方人敢于独辟蹊径、勇于创新的精神。

图2-39

图2-39左图是古希腊神庙，不能否认其艺术价值，但是实用性太差。

图2-39右图的拱券结构解放了空间，赋予了建筑真正的生命。

4. 建筑价值的不同，显现中西方审美观念的异殊

从建筑价值来看，中国的建筑着眼于信息，西方的建筑着眼于实物体。中国古代建筑的结构不靠计算，不靠定量分析，不用形式逻辑的方法构思，而是靠师傅带徒弟的方式，言传手教，靠实践，靠经验。我们对于中国古代建筑，尤其是唐以前的建筑，多从文献资料上进行了解。历代帝王陵寝和民居皆按风水之说和五行相生相克原理建造，都为求与天地和自然万物保持和谐，被赋予趋吉避凶、招财纳福之意。聚落建筑一般座靠大山，面对平川，讲究借山水之势。"仰观天文，俯察地理"是中国建筑特有的一种文化。

古希腊的毕达哥拉斯、欧几里得首创的几何美学和数学逻辑，亚里士多德奠基的"整一"和"秩序"的理性主义"和谐美论"，对整个西方文明的结构带来了决定性影响，一切科学和艺术的道路，都被这种理念确定了命运。翻开西方的建筑史不难发现，西方建筑美的构形意识其实就是几何形体：雅典帕特农神庙的外形"控制线"为两个正方形；从古罗马万神庙的穹顶到地面，恰好可以嵌进一个直径43.3米的圆球；米兰大教堂的"控制线"是一个正三角形；巴黎凯旋门的立面是一个正方形，其中央拱门和"控制线"则是两个整圆……甚至于像园林

绿化、花草树木之类的自然物，经过人工剪修、刻意雕饰，也都呈献出整齐有序的几何图案，它们超脱自然、驾驭自然的"人工美"，同中国园林那种"虽由人作，宛自天开"的自然情调形成鲜明的对照。古堡、教堂等具有代表性的西方建筑无一不是立体丰满的，从远处看去，给人一种强烈的完整的冲击力。而东方建筑讲究的是平面的延伸，无论是皇家建筑还是私人建筑或者其他建筑，都一丝不苟地继承着传统的庭院体系，一个院子套着一个院子，一扇门之后又是另一扇门。梁思成先生有个非常贴切的比喻：观赏西方建筑就像观赏一幅油画，从一个角度就能把其完整收入眼底；而观赏中国建筑就好比看一幅卷轴画，随着卷轴逐渐展开（随着游客逐渐深入），建筑的全貌才慢慢映入眼帘，除了航拍，没有哪一个角度能完整将一座中国建筑完全收入图像之中的。

早在2000年前的古罗马奥古斯都时期，建筑理论家维特鲁威就在他的著作《建筑十书》中提出了经典的建筑三要素观点，即"适用、坚固、美观"，被后人奉为圭臬，世代相传。随后，17世纪初的建筑师亨利·伍登又提出了优秀建筑物必须具备的三个条件，那就是"坚固、实用和欢愉"。可见西方人很早就把"坚固"和"实用"作为评价建筑物的第一和第二原则。所以当中国古老的建筑物随着时间的流逝或被毁坏，或"烟消云散"的时候，古希腊、古罗马、古埃及的建筑依然完好地保存着，用实物体形象演绎着自己的文化。

总而言之，中西方建筑的差异充分反映了中西方在观念、制度、物质文化上的不同。了解这种文化差异，并渗透到数学教学中，不仅可以激发学生学习数学的兴趣，还能使学生从小感受到东西方文化的不同，感受到数学与建筑的深远渊源，从而更多、更好地汲取人类思想与文化的精髓。黄埔小学的孙威老师和她的研究伙伴设计并执教的《帕特农神庙》一课，就是将教学数学知识与国外建筑融合的成功案例。

《帕特农神庙》教学设计：

【教学目标】

（1）运用圆柱知识和比例制作帕特农神庙的模型。

（2）了解帕特农神庙的文化背景，感知建筑中数学的重要性。

【教学重难点】

运用比例尺计算模型的尺寸；制作圆柱。

【教学过程】

一、导入

师：同学们，你们知道世界上有哪些历史悠久的著名建筑吗？让我们一起来欣赏一下这些美丽的建筑。（播放照片）

师：这是帕特农神庙。帕特农神庙是现存最重要的古希腊时代的建筑物，是古希腊祭祀诸神之庙。古希腊国王为了庆祝马拉松战役的胜利，兴建了帕特农神庙。为了更加详细地了解帕特农神庙，我们先看一个视频。（播放视频）

师：同学们，这个完整的帕特农神庙实际上是美国的复原建筑，真正的建筑目前损毁严重。1687年，土耳其军队在神庙里堆积了大量火药。这些火药被威尼斯军队击中而引发爆炸，严重损毁了庙体还有雕刻。我们作为文化传承的接班人，有义务了解和保护文物，今天我们就来制作一个简易的帕特农神庙模型。

二、探索研究

1. 探讨制作方法

师：请你们仔细观察，帕特农神庙有什么特征？

生：有很多圆柱，对称。

师：是的，神庙由很多圆柱构成。你们知道如何制作一个圆柱吗？需要什么数据？

生：直径和高。

师：谁来说说制作一个圆柱的步骤？

师：这节课我们只制作神庙正面的圆柱，数一数正面一共有几根圆柱？这八根圆柱都是怎样摆放的呢？两排多少根？那怎么确定它们的位置呢？确定圆柱的位置需要确定圆心的位置。

师：刚才同学们说了制作圆柱需要直径和高的数据，我们来看看数据，这是帕特农神庙的真实数据，这个大小我们能做得出来吗？需要按比例缩小，那你觉得多大的比例尺合适？

师：今天老师给你们两个比例尺，请你们按照这个比例尺来进行制作：1：100和1：40。小组长上来抽签决定你们组的比例尺，黄色的是1：100，白色的是1：40。

2.分组计算小组数据，完成学习表

3.分组制作

出示要求：

（1）每位同学都要动手制作2个圆柱，每组一共完成16个。

（2）将完成的圆柱与底部、顶部结合组成完整的模型。

（3）模型制作完成后测量高和宽，进行高宽比的计算，完成学习表。

4.评比总结

师：同学们，你们完成得很好，一个个漂亮的模型就在大家的合作下完成了，非常棒！那你们能告诉我学习表2的结果吗？

师：这就是著名的黄金分割比。帕特农神庙正立面的各种比例尺度一直被作为古典建筑的典范，柱式比例和谐，使得帕特农神庙整个建筑既庄严肃穆又不失精美，被美术史家称为"人类文化的最高表征"和"世界美术的王冠"。

在此教学设计中，教师引导学生动手制作帕特农神庙的圆柱，巧妙地将圆柱的特征和比例的知识融合，使学生兴趣盎然主动探究学习，主动尝试用所学知识解决问题，并在学习过程中感受建筑中的数学美，拓宽眼界和开阔视野。

（四）数学与未来建筑

在未来，人类将会设计出什么类型的结构和建筑呢？什么对象能充填人类的居住空间呢？建筑师们现在有众多选择，只是他们在确定如何把空间充填得更完美更舒服，使设计和美达到最优等方面受到了挑战。因为这一切的可行性都受制于数学和物理的规律——数学和物理既是工具，又是量尺。过去是这样，未来还是这样！不仅在形体方面，在功能方面，数学都将会为建筑设计带来新鲜的生命力。

位于伦敦金融区的"瑞士再保险总部大楼"、有"小黄瓜"之称的Gherkin，就堪称几何学知识在建筑上成功应用的典范。

伦敦地标建筑"小黄瓜"（图2-40），高180米，共40层，总面积约50万平方英尺（46451.5平方米）。"小黄瓜"的外形像一个完全由玻璃覆盖的子弹头，中间部分凸出，逐渐向顶部收缩，呈现为锥形，在一片摩天大厦中鹤立鸡群，特别引人注目。这种表面螺旋形的外观很容易被人们误解为是一种美学追求，但其实它的应用价值远远大于美学追求——这种奇怪的设计背后蕴含着深刻的科学道理！Gherkin硕大的身躯容易使气流在底部产生旋风。为解决这个问题，建筑师用基于湍流计算的计算机模型来模拟建筑的动力学特征，最终确定做成圆柱形，并且把最凸部分设置在第16楼，使底部产生的风力最小。通常情况下即使没有大风，站在一座摩天楼的旁边，也会顿感压迫和威慑，不过Gherkin的中凸造型让人仰头也看不到上面，所以无从感叹渺小，更不必抱怨挡住阳光和视线。另外，这幢大楼每一层都被"挖"去了6个三角形的楔形，楔形部分深深嵌入建筑内部，从上到下形成一个光井式几何构造，如此能够最大限度地利用空气流通和得到最充分的自然采光，使大楼内冬暖夏凉，光线充足。相比于同类建筑，"小黄瓜"最终能使能量消耗同比减少50%。创新、节能、舒适，"小黄瓜"在一定程度上向我们预示着未来建筑的趋势。

图2-40

随着科技水平的进步，在近几十年至一百年内，人类的居住条件依然会在很大程度上依赖地表的生存条件，不会发生重大的改变。而建筑领域将向着智能化、一体式的方向发展。随着电子技术的更新以及5G网络的普及，建筑信息将更加完善，人们足不出户便可以利用AR获知关于异地的详细信息。建筑材料会向着低碳方向发展，不再或很少使用钢筋混凝土，而是采用一些新型的环保材料来代替。

传统建房都有坐北朝南的说法，但是很多房屋是无法改变方向的。英国D*Haus公司设计了一栋可以旋转变形的房子，叫作Devon House（图2-41）。

图2-41

这座房子的设计原理来源于20世纪初英国数学家亨利·杜德尼的数学计算公式。别小看这座房子，它可是一栋可以360度旋转而且可以变形的房子。房子底部采用一个等边三角玻璃棱镜的建筑造型，围绕一个开放的核心轴，在一个大的圆形平台上沿着轨道转动。房间构造分为四个模块，可以围绕几个开放的核心轴变化成8种造型，这样每一个房间都能享受到阳光和不同的风光（图2-42）。

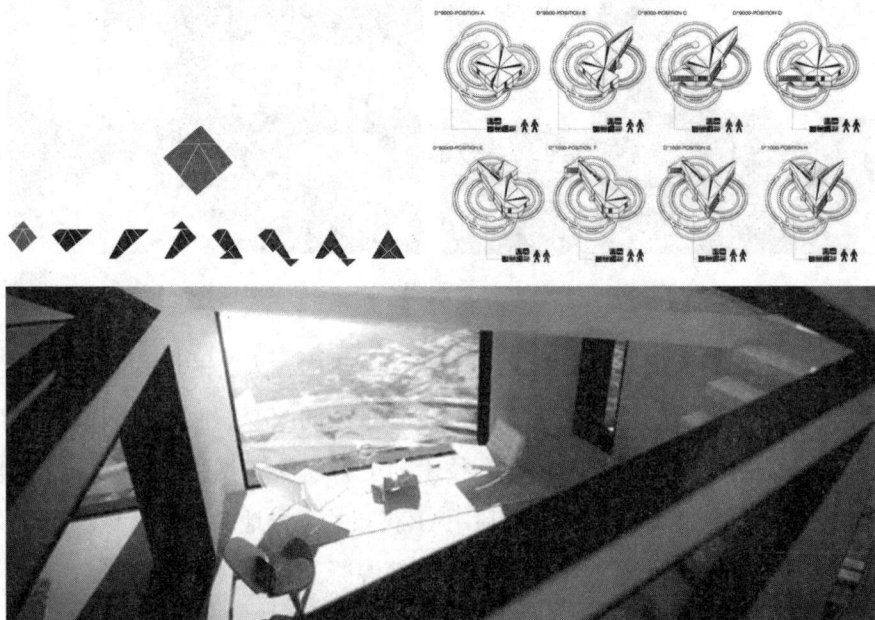

图2-42

不过遗憾的是由于它的造价需要300万英镑，远超出了预算，所以未能实现。但是D*Haus公司将方案简化，做了这个相对来说简单的设计，并获得了建筑许可。想想在未来的某一天，你可以住在这样的房子里，不管吃饭还是休息都能晒到太阳，是不是很幸福呢？

随着计算机技术的迅速发展，计算技术和软件不但代替了许多人工推导和运筹，而且正在改变着人们对数学知识的需求，冲击着传统的观念和方法。大量新兴的数学正在被有效地应用于科学研究、工农业生产、经济与管理之中，从而扩大了数学与现实实际的接触面，增强了数学解决现实问题的功能。但由于过去的种种原因，数学教学与现实生活严重脱节，只有定义、定理、推导和证明。这种教学倾向与当今的教育目标严重背离，必须采取有效的措施加以克服。康黎校长问题研究所的白一娜老师和她的研究伙伴共同设计的"百变校园"系列课程，就特别切合数学与建筑融合教育的理念，注重知识的实用性、可操作性，关注学生的能力培养与个体的全面发展。

"百变校园"系列之一：比较图形的面积

【教学目标】

（1）知识与技能：借助薄木板，能直观判断"窗户"面积的大小。

（2）过程与方法：通过探索掌握比较图形面积大小的基本方法。

（3）情感态度与价值观：体验图形形状的变化和面积大小变化的关系。

【教学重难点】

（1）重点：能选择适当的方法比较图形面积的大小。

（2）难点：运用"分割"和"移补"法对图形进行"等积变换"。

【教具学具准备】

（1）建筑墙面。

（2）可拆卸的"窗户"——薄木板。

【教学过程】

情境导入：校园的翻新工作即将完成，不过教学楼的窗户及顶楼设计没有完成。这节课需要同学们为教学楼安装合适的窗户，并设计顶楼绿化。

活动一：根据窗户的形状和大小选择合适的薄木板

1.活动规则

（1）观察窗户的形状和大小，在薄木板中选择合适的"窗户"。

（2）将选取的薄木板取下，粘贴于对应的教学楼墙体上。

（3）组织语言，准备汇报。

2. 活动设计（图2-43）

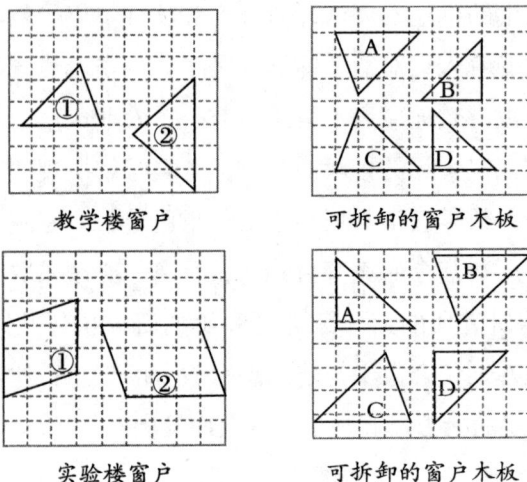

教学楼窗户　　　　　　　　可拆卸的窗户木板

实验楼窗户　　　　　　　　可拆卸的窗户木板

图2-43

3. 活动汇报

教学楼窗户：①与A和C、②与B+D。

实验楼：①与A+D、②与B+C。

活动二：设计顶楼的生态花圃，根据顶楼花圃的形状，选择合适的花田（图2-44）

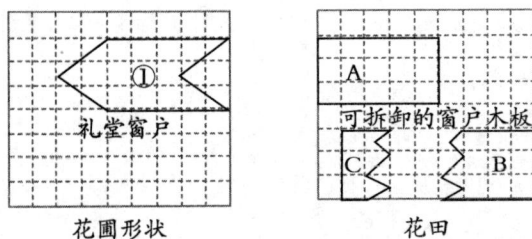

花圃形状　　　　　　　　　　花田

图2-44

活动汇报：（割补花田法）①和A的面积相等、①的面积等于B+C的面积。

方式：数格子的方式、图形重合的方式、分割移补的方式。

活动三：创建独特泳池

出示一个泳池形状，设计出与之面积相等的其他形状。

活动四：课堂总结

在比较图形面积大小时，可以用数格子的方式、图形重合的方式、分割移补的方式。

（蔡惠贻）

"百变校园"系列之二：平移

【教学目标】

（1）知识与技能：能在滑盘上按水平或垂直方向将建筑物模型进行平移。

（2）过程与方法：通过观察、操作等活动，在滑盘上进一步认识图形的平移，并体会平移运动的特点。

（3）情感态度与价值观：在操作活动中，积累图形运动的思维经验，发展空间观念。

【教学重难点】

（1）重点：按要求根据平移前后的图形判断平移的方向和距离。

（2）难点：建立直观的空间观念。

【教具学具准备】

（1）滑盘模型。

（2）《轴对称再认识》一课中的半成品模型。

（3）若干可搭成教学楼、实验楼等的建筑材料包。

（4）方格纸。

【教学过程】

活动一：视频引入温故旧知

播放升旗视频，回顾生活中的平移现象。

（在观看过程中发现平移现象，回顾生活中还有哪些平移现象。）

活动二：发布任务动手操作

创设情境，发布任务，引发平移活动。

（学生由想法落实到实操，物象化的操作让学生对平移的发生过程有更为直观的感受。）

活动三：趣味拓展由物到图

通过实操，引发学生思考，对平移现象的特点进行归纳总结。

后增加任务难度，将刚刚的实操落实在方格纸上完成"图纸"。

（先动手再思考，并进行归纳总结，让知识的记忆点更加牢固地扎根在学生的头脑中，由"体"到"面"的转换让学生更生动地感受生活中的数学，也因为建筑的融合方便学生建立更为立体、直观的空间观念。）

活动四：师生互动知识小结

教师引入生活中通过平移完成的案例，带学生共同总结平移的特点，加深印象。

（白一娜）

"百变校园"系列之三：分数的再认识

【教学目标】

（1）知识与技能：进一步认识分数，体会整体与部分的联系。

（2）过程与方法：经历认识分数的过程，学会与他人合作。

（3）情感态度与价值观：感受数学与生活的紧密联系，提高数学学习兴趣。

【教学重难点】

（1）重点：进一步认识一个整体以及部分与整体的关系。

（2）难点：理解同一个分数所对应的整体不同，同一个分数所表示的具体数量也就不同；同一个分数所对应的整体相同，同一个分数表示的具体数量也就相同。

【教具学具准备】

（1）滑盘模型。

（2）4×4方形木板。

（3）小木棒。

（4）毛线绳。

（5）塑料小草。

【教学过程】

1. 引入

观察校园模型，说出其中哪些地方可以用 $\dfrac{1}{2}$ 来表示。

讨论：在表示 $\dfrac{1}{2}$ 的过程中，把谁看成单位"1"？单位"1"还可以指什么？

（唤醒学生以往对分数的认识，揭示课题。）

2. 探究新知

活动一：铺操场

用4×4方形木板铺出空白部分的 $\dfrac{1}{2}$ 作为操场。

汇报展示分法。

（动手操作，复习巩固分数的意义。）

活动二：围球场

剩下的地方再分出 $\dfrac{1}{2}$ 作为篮球场，利用小木棒和毛线绳围出篮球场的范围。

（使学生体会：利用建筑模型直接感受分数中整体和部分之间的关系，同样是 $\dfrac{1}{2}$，面积的大小不一定相同，激发学生对分数再认识的探索欲望。）

活动三：种绿植

PPT出示草地的 $\dfrac{1}{4}$ 是两株小草，学生动手在剩下的空地上插上小草，形成完整的草地。

（进一步加深学生对分数整体和部分关系的理解，进行逆向思维练习，有助于学生空间想象能力的拓展。）

活动四：小结

展示不同小组的最终模型，师生共同总结。

（张 毅）

"百变校园"系列之四：轴对称的再认识

【教学目标】

（1）知识与技能：经历观察、操作等活动，进一步认识轴对称图形及其对称轴并能找出对称轴。

（2）过程与方法：能根据轴对称图形的特点，拼搭一个简单的轴对称图形，或拼搭出某个图形的轴对称图形。

（3）情感态度与价值观：在动手操作中，进一步体会轴对称图形的特点，积累图形运动的思维经验，发展空间观念。

【教学重难点】

（1）重点：能按要求拼搭出轴对称图形的另一半，或一个图形的轴对称图形。

（2）难点：经历拼搭轴对称图形的活动过程，掌握拼搭的方法。

【教具学具准备】

（1）1个基础滑盘模型。

（2）2个能拼搭成类似"L"形的建筑模型。

（3）若干个轴对称的建筑模型。

【教学过程】

活动一：趣味引入，初步设想

建设"百变校园"，展示一栋对称的实验室建筑，先让学生判断其是否是轴对称图形，并找出对称轴。

活动二：建房子，垒校园

已知实验室建筑楼及校道，请学生在滑盘上拼搭出关于校道对称的另一栋实验室建筑楼。（小组合作，搭前讨论方法。）

活动三：小小设计师

出示类似"L"形的轴对称图形，找出对称轴，并在对称轴两边拼搭出关于其对称的建筑。

活动四：师生小结

略。

（周　玲）

"百变校园"课程系列具有以下特点：

（1）培养学生的"翻译"能力，通过抽象和简化，把实际问题表达为数学模型并进行推演和计算。

（2）应用已学过的和在本课程中补充的数学方法和思想，进行综合分析并创新。

（3）发展联想能力和洞察力，重视学生的素质培养。

（4）熟练使用数学知识，解释建筑的建造原理。

每一个内容的设计，都是努力让学生在建筑情境中学习数学知识，并注重学生的动手操作，努力培养学生综合运用知识的能力、分析解决问题的能力。这样的研究与尝试，一定能让学生受益多多。

展望未来，建筑与数学的发展一定就像不断涌现的新奇建筑一样欣欣向荣、前程似锦。我们只要不懈地探索，定能翻过一座座高山，涉过一条条激流，取得丰硕的成果。

二、融合前的准备

为了让建筑在小学数学教学中能够更加自然地融合，教师需要对小学数学体系和建筑基础有一些前期的知识储备。为此，我们对北师大版小学数学教材1～6年级的知识点、重难点以及建筑的相关基础知识做了较为全面、系统的梳理，同时按照课程标准中数与代数、图形与几何、统计与概率、综合实践四大板块进行分类，寻找小学数学与建筑中的结合点。

（一）梳理1～6年级数学知识点

我们把小学数学知识分成四大板块，分别是数与代数、图形与几何、统计与概率以及综合实践（表2–1～表2–4）。

表2–1

册别	类型	主要知识点
一年级上册	数与运算	20以内数的认识、加法以及不退位减法
	常见的量	认识钟表（整时、半时）
一年级下册	数与运算	20以内的退位减法以及100以内数的认识和加减
二年级上册	数与运算	100以内的综合运算、初步认识乘除法、乘法口诀以及用口诀求商
	常见的量	元、角、分的认识
二年级下册	数与运算	万以内数的认识及加减、有余数的除法
	常见的量	时、分、秒的认识
三年级上册	数与运算	在元、角、分背景下，初步认识小数；一位小数的比较、加减；万以内数的混合运算；一位数乘两位数或三位数
	常见的量	年、月、日与24时计时法
三年级下册	数与运算	分数的初步认识；同分母分数的加减；一位数除两位数或三位数；两位数乘两位数
	常见的量	千克、克、吨

续 表

册别	类型	主要知识点
四年级上册	数与运算	亿以内数的认识；自然数、整数、正负数；三位数乘除两位数；运算律及混合运算；认识计算器；两个常见量之间的关系
四年级下册	数与运算	小数的再认识及比较；小数的加、减、乘
	式与方程	字母表示数；认识方程及解简单方程
五年级上册	数与运算	倍数、因数、质数、合数；分数的再认识；分数与除法的关系；小数除法；小数的混合运算
五年级下册	数与运算	分数的加、减、乘、除
	式与方程	解方程及运用方程解决问题
六年级上册	数与运算	百分数的认识及应用；分数的混合运算
	式与方程	运用方程解决简单的百分数问题
	正反比例	比的认识、化简及应用
六年级下册	正反比例	认识比例、正反比例、比例尺以及图形的缩放

表2-2

册别	类型	主要知识点
一年级上册	认识与测量	直观认识长方体、正方体、圆柱与球；比较大小、多少、长短、高矮、轻重
	运动与位置	认识上下、前后、左右
一年级下册	认识与测量	从不同方向观察单一物体的形状；直观认识长方形、正方形、三角形、圆，体会面在体上
二年级上册	认识与测量	统一测量单位的必要性；厘米、米的认识
	运动与位置	积累图形运动的活动经验；欣赏与设计
二年级下册	认识与测量	直观认识角（直角、钝角、锐角）；长方形、正方形的特征；直观认识平行四边形；认识分米、毫米、千米
	运动与位置	辨认东南西北，了解东南、东北、西南、西北
三年级上册	认识与测量	从不同方向观察（多个）物体；认识并学会计算周长
三年级下册	认识与测量	认识面积和面积单位，会计算面积
	运动与位置	直观认识平移、旋转现象；直观认识轴对称图形
四年级上册	认识与测量	认识线段、射线与直线；认识平行线、相交与垂直；角的再认识，认识平角与周角
	运动与位置	在方格纸上用数对确定位置；描述简单的路线图

续 表

册别	类型	主要知识点
四年级下册	认识与测量	从三个方向观察用小立方体搭成的立体图形形状；认识直角三角形、钝角三角形、锐角三角形、等腰三角形、等边三角形；三角形的内角和；三角形的三边关系；认识梯形，进一步认识平行四边形
五年级上册	认识与测量	比较、估算、计算图形的面积；认识平方千米及公顷
	运动与位置	平移、轴对称的再认识；在方格纸上画平移后的图形和轴对称图形
五年级下册	认识与测量	认识长方体与正方体；展开与折叠及露在外面的面（空间想象、动手实践、寻找规律）；长方体与正方体的表面积、体积、容积及不规则物体的测量方法
	运动与位置	根据方向和距离确定位置；自建参照系确定位置
六年级上册	认识与测量	认识圆及其特征；画圆；圆的周长和面积；直观认识扇形；三个方向用小立方体搭成的立体图形形状；体会不同范围和角度观察到物体的不同
六年级下册	认识与测量	面的旋转；认识圆柱和圆锥；圆柱的表面积、体积；圆锥的体积
	运动与位置	图形旋转的再认识；图形运动的综合

表2-3

册别	类型	主要知识点
一年级上册	数据统计	分类
二年级下册	数据统计	积累收集、整理数据的活动经验，了解收集数据的简单方法，会进行简单的数据整理
三年级下册	数据统计	再次积累、收集、整理数据的活动经验，用自己的方式（文字、图画表格等）呈现整理数据的结果
四年级上册	随机现象	感受简单的随机事件；初步感受可能性有大有小
四年级下册	数据统计	认识条形统计图和简单的折线统计图，用统计图直观、有效地表示数据；认识平均数，有效地表示数据
五年级上册	随机现象	进一步感受可能性有大有小；通过游戏和活动，初步感受数据的随机性
五年级下册	数据统计	认识复式统计图，用统计图直观、有效地表示数据；进一步认识平均数，体会平均数的实际应用
六年级上册	数据统计	认识扇形统计图；根据情况选择合适的统计图；对数据进行分组，初步体会数据的分布

表2-4

册别	内容	主要知识点
一年级上册	淘气的校园	以20以内的数的加减法解决实际问题,初步发展空间观念
	一起做游戏	以20以内的数的加减法解决游戏中的问题
一年级下册	分扣子	了解分类需要标准,采用不同标准,结果可能不同
	填数游戏	初步提高分析推理能力
二年级上册	班级旧物市场	学会运用数学的方法计算旧物交易(交换或出售)中简单的记账
	寻找身体上的数学"秘密"	学会用尺子测量有关数据的方法,知道身体上一些部位的长度
二年级下册	上学时间	巩固对时间的认识和计算,培养学生利用学过的知识从日常生活中获取信息的能力
	"重复"的奥妙	建立1分的概念,掌握分与秒的关系,并能进行分秒之间的换算
三年级上册	校园中的测量	能运用合适的测量工具,对生活中熟悉的事物进行测量与估算
	搭配中的学问	训练学生有序思考的能力,掌握搭配的方法
	时间与数学	体会时间与数学的联系,初步感受合集的思想
三年级下册	小小设计师	对称与不对称
	我们一起去游园	列表策略的应用
	有趣的推理	逻辑推理、解决问题的策略
四年级上册	滴水实验	水龙头滴水速度的测算及实验报告的填写
	编码	通过观察、比较、猜测来探索数字编码的简单方法
	数图形的学问	有规律地数,做到不重不漏
四年级下册	密铺	图形的密铺
	奥运中的数学	小数加减运用
	优化	优化问题
五年级上册	设计秋游方案	解决生活中的实际问题,如租车、租船问题等
	图形中的规律	发现点阵中的不同规律
	尝试与猜测	鸡兔同笼问题
五年级下册	象征性长跑	设计象征性长跑活动方案
	有趣的折叠	立体图形与展开图之间的关系
	包装的学问	多个物体的表面积

续 表

册别	内容	主要知识点
六年级上册	反弹高度	寻找物体间的联系
	看图找关系	读懂表示数量关系的图表，能从图表中获取有关信息，体会图表的直观性
	比赛场次	用列表、画图等方式寻找实际问题中蕴含的简单规律并解决实际问题
六年级下册	绘制校园平面图	综合利用方向与位置、长度单位、常见平面图形、对称、比例尺等知识，绘制校园平面图
	神奇的莫比乌斯带	认识莫比乌斯带及其特征
	可爱的小猫	按比例把图形放大或缩小

（二）对建筑相关基础知识的梳理

从总体来说，建筑可以分成五大部分：功能、意义、设计、工程和成本。

1. 功能

建筑的功能指的是人们在建造房屋时为了满足具体目的和使用的要求。由于功能不同，所以产生了各种类型的建筑，如教学楼满足教学的需要，别墅满足居住的需要，由于大多数人需要共同活动的场所，所以有了广场。建筑功能往往会对建筑的结构材料、平面空间、建筑设计等产生影响。

2. 意义

古建筑由于年代久远，承载了很多文化背景和历史价值，如文物、古迹、古老的建筑等。在数学中融入古建筑能够引起学生的情感迁移，激发学生的情感共鸣，让学生通过学习了解建筑本身深厚的文化底蕴，激发学生的学习兴趣。

3. 设计

建筑的设计包括方案设计、图纸设计、扩大缩小、结构面积、平面空间、设计理念、水电设施、艺术美感等。

4. 工程

一般的工业或民用建筑工程包含了地基地面、主体构成、室内装修、建筑内外的构建、水电气的引进和输出、采暖通风、环保节能、电梯楼梯等方面的建设。另外，公路工程还包括了路面工程，如土石的混合等；还有桥梁相关工程。

5. 成本

建筑的成本主要包括材料、人工等方面的价款和费用等。

三、小学数学与建筑知识的融合点

通过对小学数学与建筑基本知识的梳理，我们可以看到，建筑的各方面都有很多可以跟小学数学紧密融合的点，如数与代数与建筑成本、比例与设计等。下面，我们将分类把小学数学的知识点跟建筑建立联系，仅供教师们参考。

1. 建筑与数与代数内容的结合

数与代数主要包括数的认识、数的运用、常见的量、式与方程等，而建筑中的设计、工程、成本等方面也涉及很多跟数相关的内容，因此在教学实践中可以将两者进行适当融合。

（1）利用建筑认识钟表。例如，我们可以结合名建筑上的大钟面进行教学，如天津世纪钟广场的钟面，广场、教堂上的大时钟等（图2-45）。

图2-45

在老师的带领下，学生参观了世界各地的著名景点。它们有一个共同的特点：都有一个大时钟。景点中塔楼的大时钟不光让建筑更加壮观，还可以方便游客知道时间，让他们准时准点到达景点或者高铁站、飞机场等。

在学生认识完钟表后，呈现建筑物上的时间，让学生用刚刚学完的知识读出时间。把著名建筑上的大时钟跟认识钟面的知识相结合，在枯燥的数学知识中融入建筑文化，让学生深刻体会到数学在生活中的重要作用。

（2）利用建筑学习数的运算。在建筑物的装饰中，我们可以看到很多整齐排列的图形，在实践中我们可以把数的运算跟装饰设计中基本图形的数量进行融合（图2-46）。

图2-46

例如，在北师大版教材三年级下册《一位数乘两三位数》的教学中，实验组吴老师把富含民族特色的吐鲁番建筑中晾葡萄干的荫房墙面的花纹设计跟乘法运算进行了融合。

师：同学们吃过葡萄干吗？知道葡萄干是怎么制作出来的吗？在新疆吐鲁番，几乎每家每户楼上都有一个这样的荫房，专门用来晾葡萄干。仔细观察，看看荫房的墙面跟我们一般的墙面有什么不一样。荫房墙面上有一些通风孔，这些通风孔都是"十"字形的基本图形，数一数这面墙有多少个这样的通风孔（图2-47）。

图2-47

数的运算知识比较枯燥，本节课以晾葡萄干的荫房墙面的设计跟运算融合，赋予了运算载体神秘的色彩，激发了学生的学习兴趣，让运算更加有意义。

小数的运算也可以从建筑材料的价格等方面寻求融合。在《小数乘法》一课中，实验组吴老师设计了这样的问题：

师：吴老师家里正在装修，需要购买一批地砖，你们帮我选选哪种地砖更加划算（图2-48）。

A. 12.5元/块　　　B. 15.7元/块

图2-48

A、B两种地砖面积一样大，A地砖买六送一，B地砖八折优惠，量了客厅的面积需要45块，买哪种地砖划算？

这种与建筑情境相关的问题在生活中经常遇到，引用到数的运算中，能够激发学生解决问题的欲望，让学生感受到数学在生活中的运用价值。

（3）利用建筑学习重量单位。这些常见的量在建筑中经常遇到，把建筑素材跟重量单位融合，无疑让课堂增添了许多生活气息。例如，实验组赖老师在教学千克、克、吨等重量单位的相关内容时设计了以下环节：

师：以下建筑材料图，你能给它们搭配合适的单位吗？猜一猜：钉子、天安门前的华表、沙发，该选哪个单位合适呢（图2-49）？

图2-49

教师揭示答案：沙发大约200千克，华表大约重20吨，钉子大约重4克。

（4）利用建筑认识数的意义。

师：小明家在装修，第一天，爸爸刷了一面墙的 $\dfrac{1}{4}$。折一折，画一画，你能在纸上表示出爸爸刷的这面墙的大小吗？

师：第二天，爸爸又刷了这面墙的 $\dfrac{2}{4}$，一共刷了这面墙的几分之几？还剩几分之几？

（5）利用建筑认识比例。在《比例的认识》一课中，实验组杨老师的设计如下：

师：在深圳世界之窗，大部分建筑物按照1：3的比例进行缩小，通过所看到的这些建筑的各部分的长度，你能推算出在实际生活中所对应物体的长度吗？试一试。

师：世界之窗最高的建筑——巴黎埃菲尔铁塔高度是108米，它在实际生活中的高度是多少米？

师：法国凯旋门有4组以战争为题材的大型浮雕：《出征》《胜利》《和平》和《抵抗》，其中有些人物雕塑高达6米。你能推算出它们在世界之窗凯旋门中的大约高度吗？

2. 建筑图形与几何内容的结合

从形态学的角度来看，构成建筑形式的基本要素为点、线、面、体。一个点展开变成一条线，一条线展开变成一个面，一个面展开变成一个体。建筑的所有形态都是围绕点、线、面、体四个基本要素构成的。而在数学中，点、线、面、体都是几何学里的概念。点动成线，线动成面，面又可成为体的度量，这在建筑工程中，是计算的基本内容；在数学中，是空间的基本元素。不仅建筑的基础结构离不开数学，设计建筑的外观时所运用到的各种几何形状也与数学紧密相关。数学与建筑学，就像混凝土搅拌后砂石与水泥相互黏合那样，有着一种无形的十分密切的关系。数学为建筑服务，建筑也离不开数学。

将随处可见的建筑融入数学课堂，使学生体会到生活中处处有数学，处处用数学，感受到数学与生活的丰富联系，也希望借此可以激起学生学习数学的兴趣。那么如何选择合适的建筑便是我们需要思考的问题。

我们进行了以下尝试：

（1）利用建筑学习图形。例如，北师大版教材一年级上册《认识图形》单元第一课，我们可以利用学生的玩具——积木，对立体图形的特点进行初步学习。

师：这些积木搭成的城堡好看吗？

生：好看。

师：那你们知道这些漂亮的城堡是怎么搭建出来的吗？它们用了什么形状的积木呢？让我们就一起来了解一下吧！（图2-50）

图2-50

图形在建筑中无处不在，如门窗、局部造型等，这些图形可以直接运用到建筑的设计中。实验组张老师的《图形的分类》一课设计如下：

师：窗户是建筑当中必不可少的要素，为了追求华美，从古至今，各式各样的窗户层出不穷，如古代的雕花窗户、现代的铝合金窗等，窗户形式各异，设计感十足。接下来让我们一起欣赏一组窗户（图2-51）。

图2-51

在这些窗户上有你认识的图形吗？分别是哪些？

师：你能给它们分分类吗？小组有一个资源袋，把里面的图片拿出来分一分。

（2）利用建筑学习测量。例如，北师大版教材三年级下册《面积》单元第三课《长方形的面积》。我们设计了新房装修的情境，利用搬新家后姐弟俩争执房间大小的矛盾学习长方形的面积。

（搬新家了，淘气和笑笑都觉得自己选择的新房间面积最大。）

师：同学们，你们觉得谁的房间更大呢？

生：不知道！我们需要求出他们各自房间的面积才能比较。

师：老师这里有他们新家的小模型，请同学们自己动手实践，用喜欢的方式算算房间的面积吧（图2-52）。

（教师教具）　　　　（学生学具）

图2-52

（3）利用建筑学习位置。例如，北师大版教材二年级下册《方向与位置》单元第二课《辨认方向》。利用中国传统四合院的建筑形象，让学生了解中国古代建筑"坐北朝南"的传统及辨认八个方向（图2-53）。

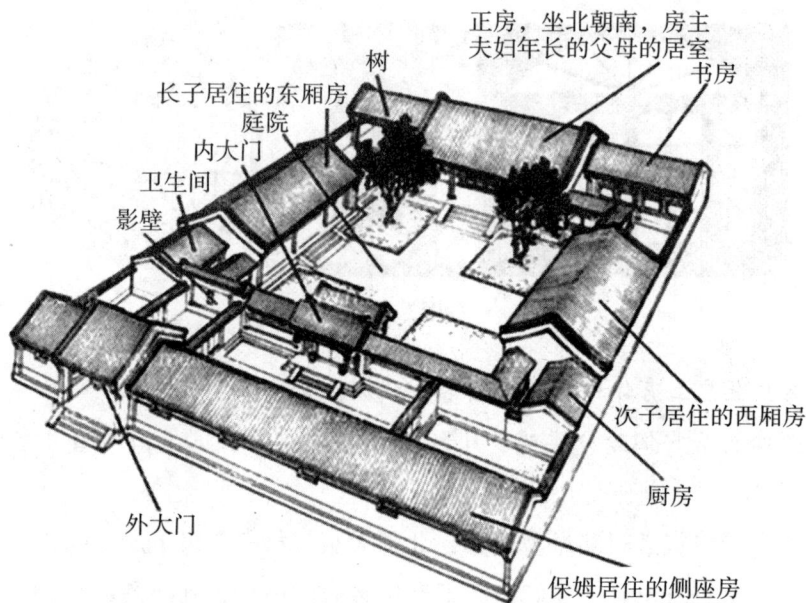

图2-53

（4）利用建筑学习面积和周长。建筑中的平面图形很多，自然可以设计很多与周长、面积的相关内容。例如，实验组徐老师在《面积与周长》的教学中这样设计：

师：天坛是我国重点保护文物，世界级文化遗产。天坛从造型上看像是古代皇帝的帽子，内坛呈圆形，外坛呈方形，寓意"天圆地方"，主要是皇帝拜祭天地、祈祷丰收的场所。内坛底下圆形的直径大约是61.5米，你能算出内坛的周长和占地面积吗（图2-54）？

图2-54

（5）利用建筑学习简单美学。例如，北师大版教材三年级下册《图形的运动》单元第三课《平移和旋转》。通过介绍湖北省的大水井古建筑群，学生在欣赏中发现学过的基础图形，直观区别平移、旋转这两种现象，理解平移的距离；同时，学生在分析中把握平移和旋转的运动特征，形成一定的空间观念（图2-55）。

图2-55

3. 建筑与统计概率内容的结合

统计学运用于很多领域，在建筑学中也不例外。任何一个建筑的制建，从还未开工伊始，就已涉及统计学的知识，如建筑面积、用材预算、建筑设计数据、人力分配预估等，都需要运用统计学。它为人们提供了所需的数据，这样人们才能做好预测、分析、决策、规划，使工程的建造更科学，更有效率。所以统计学和建筑学是不可分割的两个学科。随着社会的发展，建筑统计学已发展成为工程学科里的一门学科。

在小学阶段学习的统计相关知识，也可以与建筑学融合在一起，因此将建筑学中的内容作为统计学习中的学习材料，从而开启统计学的实践运用，也算是学以致用。

从建筑和北师大版小学数学教材中的统计概率的知识内容来看，我们发现它们之间存在着许多联系。

如何将两者结合得恰到好处，融合得浑然天成，正是我们思考的问题。因此我们做了以下尝试：

（1）将建筑相关内容作为统计学习研究的对象。例如，在教学北师大版教材二年级下册《调查与记录》单元时，我们让各小组用积木设计搭建对称形状的城堡、大厦、四合院，并统计记录所需不同形状的积木的数量。

任务1：小组商量选择设计搭建城堡、大厦或四合院。在小组长的主持下，通过举手表决来选择搭建票数多的建筑。

任务2：小组合作搭建对称建筑（图2-56）。

图2-56 （上图为学生作品）

任务3：用记号记录各种形状的积木各用了多少块。

任务4：填写统计表（表2-5）。

表2-5

小组名	天才组	作品名	对称城堡				
材料	正方体	长方体	圆柱体	半圆柱	三棱柱	拱形柱	其他
记号记录	正	正一	下	下	正一	T	—
数量	5	6	3	3	6	2	—

学生在边玩边学的过程中，无痕迹地将需要学习的知识点掌握运用到位，能力得到提升。首先，在知识方面，在搭建建筑模型的过程，将对称图形知识运用在此，理解到位；选择拼哪种立体图，通过举手方式进行决策；经历用"正"字记录的过程，体会这种方法的简洁方便，完成统计表的记录，经历完整的统计过程。其次，在能力提升方面，也是润物细无声的。在小组分工合作搭建的过程中，提升了小组的合作能力；经历了完整的统计过程，统计整理数据能力得到提升；整理数据后，提出"一共用了多少块积木"的问题，使学生的数据的分析能力、解决问题的能力也得到提升。

（2）将建筑相关的信息或材料作为统计学习的资源。例如，北师大版教材三年级下册《数据的整理和表示》单元时，我们尝试查找与建筑相关的资料数据，再根据调查得到的对应数据，提出相应的问题，并解决问题。

结合对深圳本地高楼知识的了解，学生查阅相关数据，并根据对应的数据提出相关的问题，采用你问我答的方式来解决问题（表2-6）。

表2-6

深圳高楼	国贸大厦	地王大厦	京基100	春笋	平安大厦
高度	160米	383.95米	441.88米	392.5米	600米
层数	53层	69层	100层	70层	118层

A组问题：地王大厦比国贸大厦高多少米？多多少层？

B组回答：383.95-160=223.95米，69-53=16层。

……

在这一过程中，学生利用网络独立收集数据，整理成表格后提出相关的问题。学生经历了部分统计的过程，提升了分析、解决问题的能力及运用已学的知识解决相关问题的能力，在解决问题的过程中增加了对深圳的了解，从而加深对深圳的热爱。

在教学北师大版教材四年级下册《数据的表示和分析》单元时，我们尝试查找与建筑相关的资料——2019年中国高楼排名前十统计表（表2-7），再根据调查得到的对应数据，制成条形统计图（图2-57、图2-58），提出相应的问题，并解决问题。

表2-7

高楼名称	南京紫峰大厦	长沙IFS大厦T1	香港环球贸易广场	上海环球金融中心	台北101大厦	天津周大福滨海中心	广州周大福金融中心	天津117大厦	深圳平安金融中心	上海中心
高度（米）	450	452	484	492	509	530	530	596.5	600	632
建筑投资（亿元）	40	67	200	73	133	80	100	260	95	148

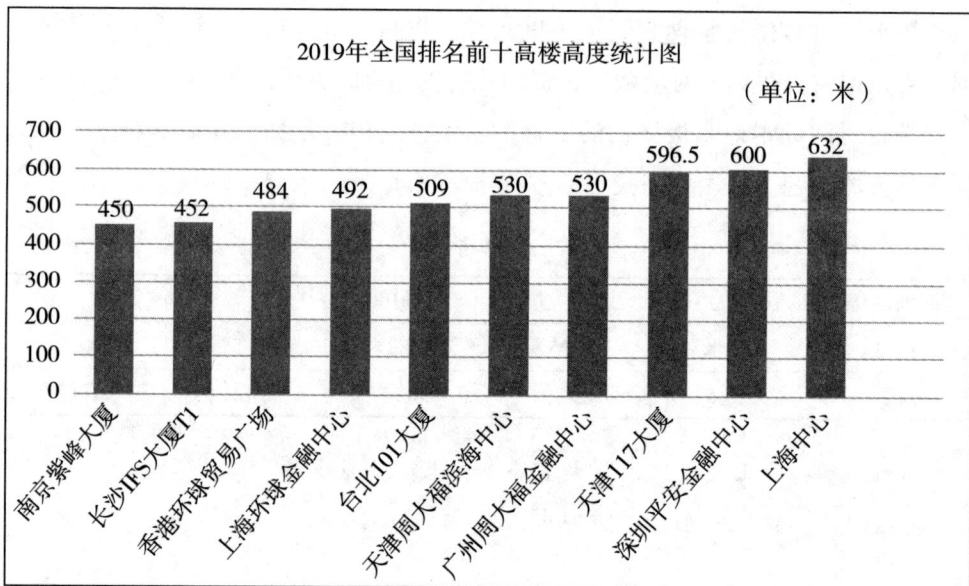

图2-57

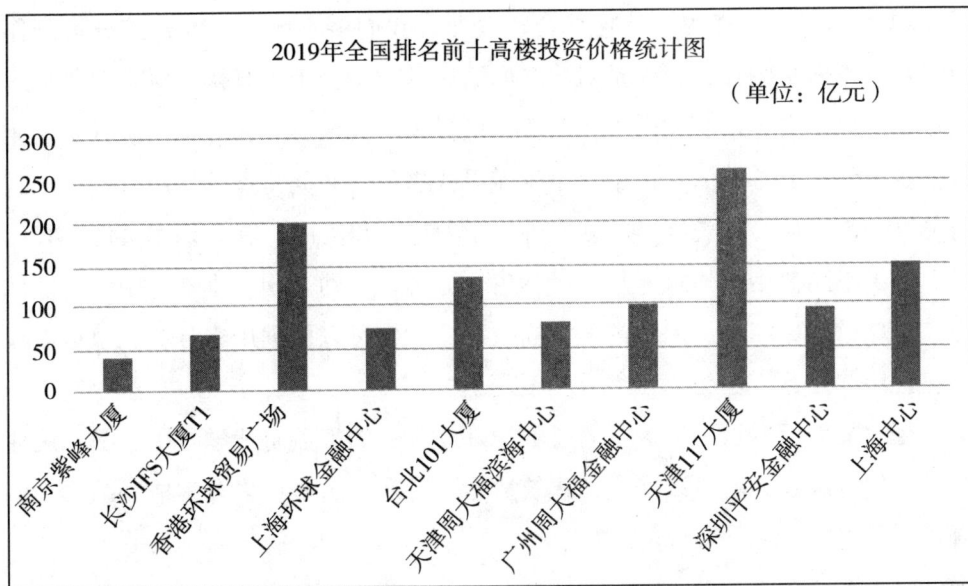

图2-58

在这一学习过程中，学生可以从中体会完整的统计过程，可以直观从条形统计图中读出相对应的信息，并分析数据，提出问题，解决相对应的问题，还学会用电子表格来进行条形统计图的制作。学生的制图能力、读图能力、分析问题的能力都得到明显的提升。

在教学北师大版教材五年级下册《数据的表示和分析》单元时，我们尝试用两个不同城市、不同年份的新房地产建筑面积的比较、新房不同月份交易平均价格的比较，制成复式条形统计图，让学生比较不同年份新房地产建筑面积，提出相应的问题，并解决问题；比较新房不同月份交易平均价格，制作成复式折线统计图，体会价格的变化波动情况，分析数据的变化情况，从而预测价格的变化趋势，在这一过程中同时对比条形统计图与折线统计图的不同特点。

在教学北师大版教材六年级上册《数据处理》时，我们设计了建造一栋大楼时，所需的人力、耗材等预算所占的百分比的比较，使学生更好地了解扇形统计图的特点与作用，体会扇形统计图在现实生活中的作用。

4. 建筑与综合实践内容的结合

建筑与数学课中的综合实践联系密切，甚至任何一个建筑学的内容都可以看作数学综合实践活动，任何一个数学综合实践活动都可以开发成建筑内容的课程。

（1）挖掘建筑资源，活化综合实践课。我们将不同类型的建筑分类制作成卡片，正面是图片，背面是对建筑的简介，如中国十大高楼、深圳五大标志高楼、中国十大名塔、中国十大名桥、世界著名宫殿等。在北师大版教材一年级上册《分类》单元的学习中，学生需寻找事物的共同特点，按不同的标准进行分类，初步体会分类标准的多样性。学习这一单元时，除了课本资源，我们可以提供不同类型的建筑卡片，请学生分分类，如幼儿园、小学、中学、篮球馆、排球馆、足球场、深圳的五大高楼等，学生可以根据用途分类，也可以根据建筑特点分类。

在北师大版教材一年级下册《数学好好玩》的填数游戏学习中，我们用建筑卡片代替数字，就可以变成"建筑数独"游戏。这样可以开发成一款学生们喜欢的桌游，或者一款App小游戏。

游戏名：我爱深圳。

游戏规则：将深圳高楼放入四宫格、六宫格或九宫格中，使每一行、每一列，每四宫、六宫、九宫里，不重复，不遗漏（图2-59）。

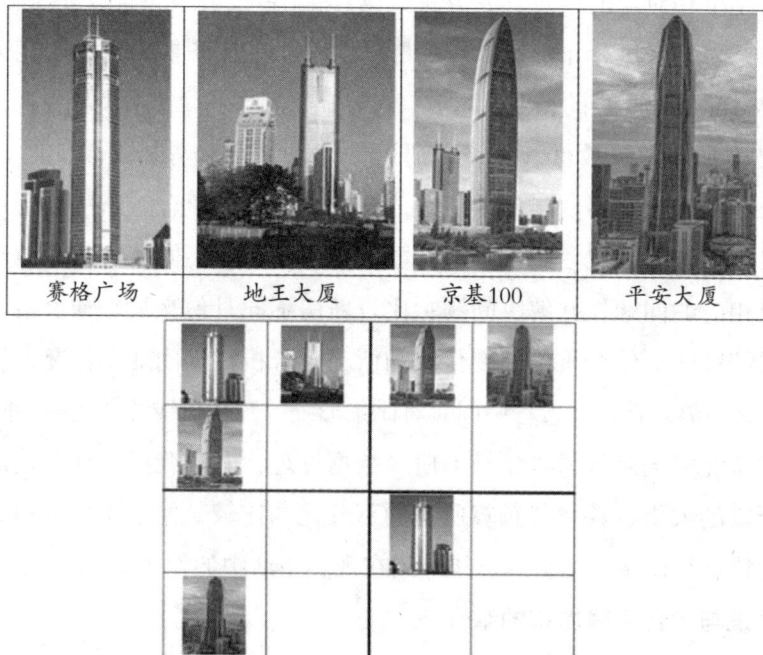

| 赛格广场 | 地王大厦 | 京基100 | 平安大厦 |

图2-59

游戏既开发了学生智力，培养了学生的观察力，提升了学生有序思考的能力，又使学生学习到这些建筑的基本知识，了解它们的基本情况。

（2）挖掘建筑资源，拓展延伸综合实践课。北师大版教材六年级上册《数学好玩》学习的是测量同一地点、同一时间影子长度以及研究影子与标杆高度的关系。在测量研究中学生发现：影子高度/标杆高度的分数值不变（图2-60）。

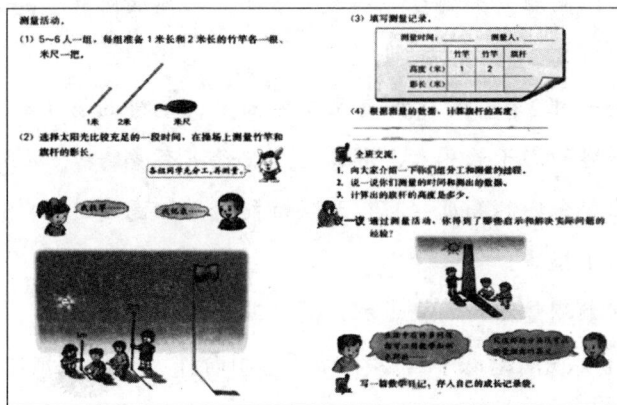

图2-60

活动准备：

（1）课前，教师按要求为各组准备1米、2米的竹竿各一根，米尺一把。

（2）选择一个太阳光较好的时间，把学生带到操场上，先让学生估计学校旗杆的高度。

（3）教师谈话：怎样知道估计的对不对呢？今天我们用旗杆和两根竹竿的影子来解决这个问题。

（4）让学生看一看教材中测量的图并讨论：用这种方法测量旗杆高度的道理是什么？

小组活动：

教师指导各组选择地点开始测量，提示小组做好分工，填好测量记录表，共同完成计算旗杆高度的要求。

全班交流：

各组交流测量的过程和结果，重点介绍：①怎样分工的，怎样测量的；②测量记录表是怎样填的，说明测量的时间和数据；③怎样计算旗杆高度的，结果是多少。

（注意：教师要对每个小组测量和计算的结果做出客观的评价。如果有的小组计算的高度与旗杆的实际高度差别较大，要指导学生分析原因。）

议一议：

让学生谈谈参与测量活动的体会和感受，鼓励学生举例说明用这种方法还可以解决哪些实际问题，如测量一栋楼有多高、一座烟囱有多高等。

算一算：

测量小组将一根2米长的标杆直立在地面上，量得的影子长度是1.2米，此时附近一座纪念塔的影子长30米，那么这座纪念塔有多高？

计算后得出纪念塔的高度，可以和实际纪念塔的高度进行对比。

写数学实验小报告：

要求学生回顾测量活动的全过程，写一篇实验小报告。

在本节综合实践活动课中，学生经历小组合作、实际测量影长、记录、计算、交流等测量旗杆、纪念塔高度的全过程，理解了用影子长度与标杆高度的比计算旗杆、纪念塔高度的方法，能根据测量的数据计算旗杆的高度；积极参与数学实践活动，了解生活中许多难以解决的问题都可以用数学知识来解决，获得成功的经验，体会数学学习的价值。在这一活动中，学生的小组合作能力、实践操作能力、解决问题的能力、写作能力都得很大程度的提升。

北师大版教材四年级上册《数学好玩》中"小小设计师"的内容，是利用对称知识设计图案。课前请学生自行查找对称知识在建筑设计中的运用，课堂上让学生欣赏收集的资料，从而体验对称设计在建筑中的作用。在感受对称让建筑更为人气美观，对对称美有了深刻的体会后，学生再用已学的基本图案来设计心中最美的建筑（图2-61）。

| 泰姬陵 | 北京天坛 | 埃菲尔铁塔 | 双子塔 |

图2-61

在学习了北师大版教材六年级下册《数学好玩》中"神奇的莫比乌斯带"后，让学生在课后查找运用莫比乌斯带原理设计的建筑，欣赏建筑的神奇魅力，再自己尝试设计一个莫比乌斯建筑，或者建筑标志（图2-62）。

北京凤凰国际传媒中心	竹里酒店	卢森堡馆	哈萨克国家图书馆
过山车	三叶纽带	莫比乌斯楼梯	莫比乌斯戒指

图2-62

在这样的拓展延伸课里，学生打开了全新的视野，提升了欣赏美的能力与水平，开启大胆的设计之窗，培养了创新思维能力。

将建筑知识引入综合实践课激发了学生浓厚的学习兴趣，同时对学生渗透了热爱生活、创造生活的情感教育。无论是学生们熟悉的生活情境——富有本土特色的建筑，还是中国特色建筑、世界著名建筑，或是历史建筑、未来建筑，将民族文化渗透到数学学习中，可以让数学综合实践课更为丰富自然、新鲜，使学生了解更多的关于建筑的知识，开启了学生学习、运用数学更开阔的视野，使学生数学知识概念渗透运用得更加透彻，学生思维更加活跃，充分发挥了学生自主学习的积极性。

（本章所有图片均来自网络）

第三章

3

小学数学与建筑融合的原则、方法及策略

第一节　小学数学与建筑融合的原则

建筑是人们生活的组成部分，是数学在实际生活中应用的活教材，特别是它的具象性符合小学生的思维特点，找到它与小学数学的融合点和融合的方式就能让数学知识变得生动，学习数学就变得有趣。经典建筑是人类的文化遗产，学生在完成数学知识学习的同时，又能潜移默化地受到文化熏陶。为此，康黎小学数学名师工作室成员在主持人的带领下分为五个小组收集世界闻名的经典建筑，分类研读建筑中的数学语言，梳理出蕴含其中的小学数学知识，在此基础上，通过教学实践去寻找它们之间的融合方式。这个研究过程艰辛又令人欣喜，一个知识点上多次研讨课是常态，如《比例的认识》一课，张鸿莺课题小组由新老教师上了四次课，经过四次备课、试课、问卷、反思、再设计，最后一次才寻找到好的融合方式。《美丽的黄金分割》《分数的再认识》《密铺》《帕特农神庙》……这些课经过一次一次循环往复地实践，总结出一些共同的规律：通过创设建筑情境，找到数学知识与建筑的融合点，建立数学与建筑融合后的建筑模型，诱发学生思维的积极性，引起学生更多的联想，激活学生已有的知识经验和解决问题的相关策略，让学生在操作中理解新知、掌握新知、应用新知、拓展新知。同时悟出了一些既能让学生轻松掌握数学知识和技能，又能让学生更好地体验教学内容情感的教学原则。

一、知识与应用相结合的原则

应用数学知识解决实际问题是数学学习的核心理念。从学习效果来看，应用知识解决问题的过程，是进一步加深知识理解和不断完善知识结构的过程，也是思维能力不断提升的过程。数学与生活联系密切，以往的数学课堂教学重理论、轻实践，重知识、轻应用，在数学与建筑的融合中，我们加大了学生的应用体验。"在小学数学课堂教学中，创设建筑情境，提高学生数学学习兴趣"的课题研究全面开展，团队教师进行了大胆的创新和改革，教师们通过这一课题的研究，让学生在建筑情境的帮助下，以"做中学"为指导思想，自主探究相关的数学知识，体验数学知识在建筑学领域的广泛应用，学生的学习兴趣和学习效果有非常明显的提升，真正实现了知识与应用的结合。

《比例的认识》是知识与应用相结合的典范课例。《比例的认识》是北师大版小学数学教材六年级下册的内容（16～17页）。这节课是在学习了比的相关知识的基础上进行的。表示两个比相等的式子叫做比例，比例的知识在现实生活中应用广泛，与现实生活联系非常密切，尤其是建筑。很多建筑物大小不一而形状未改，微缩景观、楼盘模型更是其中的特例。比例、与比例相关的均衡、尺度、布局的序列都是构成建筑美的要素。和谐的比例和尺度是建筑结构呈现自然美的基本条件。

【案例】《比例的认识》教学片段——应用部分

师：做好了窗户，还要给窗户上色。古代窗户的颜色大多为朱红色，象征着吉祥、喜庆，但朱红色需要调配，朱红色的调配是曙红：朱膘=13：7（图3-1、表3-1）。

图3-1

表3-1

仓库记录单	曙红/克	朱膘/克
A	26	14
B	65	35
C	26	140
D	130	70

这张是仓库的领料单，哪些是来调朱红的？根据比例的意义，你能写出比例吗？把组成的比例写出来。

师：请展示组成的比例（表3-2）。

表3-2

A	26：14=13：7
B	65：35=13：7
D	130：70=13：7

师：C份不是吗？为什么？

生：26：140与13：7比值不相等，不能组成比例，不是调制朱红色的。

师：窗户完工了。你学会了什么？

在学生掌握比例的知识后，继而安排学生在保护中国古文化行动之故宫修复的场景中动手制作窗户模型，并给窗户刷漆。学生在操作中对比例的认识更加透彻，并灵活运用所学知识解决生活中的问题，这一环节的教学，真正做到了学以致用。

《帕特农神庙》一课也是知识与应用相结合的典型课例。这节课是圆柱与比例知识的活动课，六年级学生对小学数学中的几何基本知识已经学习完毕，但在生活中的运用并不多，为了使学生经历应用数学的过程，设计本课时我们从闻名世界的古希腊建筑——帕特农神庙入手，在帕特农神庙的制作中巩固圆柱与比例的知识。

帕特农神庙的构造利用的是黄金矩形、视错觉、精密测量和将标准尺寸的柱子切割成精确规格（永远使直径为高度的1/3）的比例知识。另外，帕特农神庙还是由多根圆柱支撑的庙宇，而圆柱的制作学生容易动手操作，学生在操作的过程中巩固圆柱的周长计算、比例尺的计算等知识，这样就找到了数学知识与建筑结合的点。课堂教学时先在建筑情境中提出问题，引导学生回顾圆柱周长和比例尺的计算方法、制作圆柱的步骤，随后安排学生在保护世界古文化行动——帕特农神庙修复的场景中动手制作神庙模型，不仅为圆柱和比例尺知识的应用搭建了平台，而且为锻炼学生的动手能力提供了场景，既拓展了数学知识，又让学生在建筑情境中探究到了数学的奥秘。

在《莫比乌斯环》一课的教学中，学生了解了莫比乌斯环的原理后，教师向学生展示了北京凤凰国际传媒中心这一充分利用莫比乌斯环原理建造的著名建筑。

学生从平时去游乐场玩的过山车、凤凰国际传媒中心等建筑中，理解了莫比乌斯环的应用原理，也深刻体会到了数学的重要性。由此，学生平时学习数学更加专注了。

以上这些课都是将数学知识巧妙渗透到建筑情境中。知识与应用的完美结合，不仅培养了学生解决问题的能力，更提高了学生的综合素养。

二、实践与思考相结合的原则

陶行知先生说："人生两个宝，双手和大脑。""手和脑一块儿干，是创造教育的开始；手脑双全，是创造教育的目的。"因此，在教学中教师要根据教学内容让学生在合作学习时操作、实践、思考、寻找规律方法、实现知识的再创造，从而提高学生的综合素质和能力。

在《比例的认识》一课中，建筑情境贯穿全课，学生探究比例、认识比例后，笔者是这样引导学生在建筑情境中实践和思考的。

【案例】《比例的认识》教学片段

师：刚才我们在宏伟的宫殿里认识了比例，现在我们就要利用刚刚学到的比例知识来维护宫殿。600多岁的故宫已老，为了再现它的辉煌，我们要修复故宫。今天先从修复窗户开始。

出示窗户，长100厘米，宽75厘米（图3-2）。

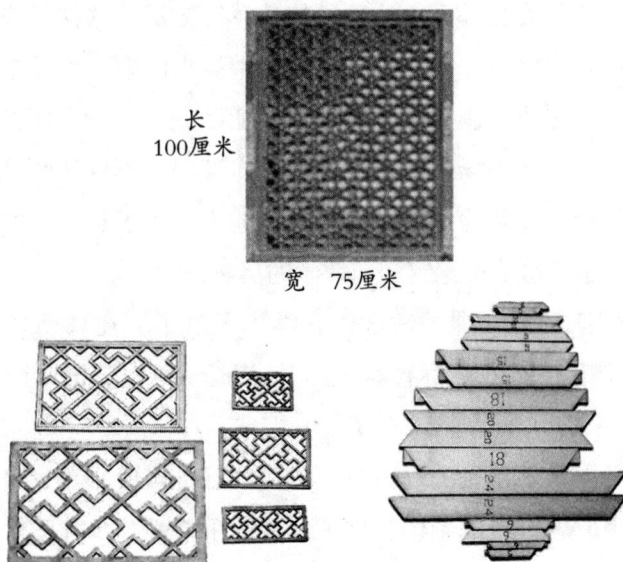

长
100厘米

宽　75厘米

图3-2

师：今天老师给每个同学准备了窗框、窗花，用于制作窗户模型。我们做的窗户模型一定比这扇窗户小，要使制作的窗户形状不变，用今天所学的知识就是什么不变？

生1：长和宽的比值不变。

生2：长和宽的比是4∶3

师：比值不变就是我们制作的窗户长和宽的比和4∶3要组成比例，就是（　　　）∶（　　　）=4∶3。（板书）

师：请各小组在学具里选出合适的窗框，然后小组汇报交流。

生1：我选择的窗户长和宽是24厘米、18厘米，24∶18=4∶3。

生2：我选择的窗户长和宽是20厘米、15厘米，20∶15=4∶3。

生3：我选择的窗户长和宽是12厘米、9厘米，12∶9=4∶3。

生4：我选择的窗户长和宽是8厘米、6厘米，8∶6=4∶3。

师：真棒！（鼓掌）选材和他们一样吗？（举手）

师：窗框已经选好，我们还要配上中国风的窗花，请小组派代表上来取窗花，制作窗户。

师：请制作完的小组举手。看来大家已经掌握制作窗户的方法了（图3-3）。

图3-3

选窗框既考查学生知识的掌握情况，又考查学生的动手能力、思维能力。在一堆木框中，有的学生能根据所学比例知识很快选出合适的窗框，有的学生无从下手。学生边操作边思考，在实践操作中对比例的概念和应用更加清晰和明了。这一教学环节真实地展现了学生在课堂上动手实践操作及思考的过程，把实践与思考完美地结合在了一起，使学生在实践和思考中深入理解了比例知识，灵活运用并拓展了比例知识，因此这节课的教学效果显著。

又如，在《美丽的黄金分割》一课中，我们从埃及胡夫大金字塔、东方明珠电视塔、帕特农神庙3张图片引入，引导学生了解、认识黄金分割比后，又介绍了黄金分割尺的用法，让学生用特制的三种黄金分割尺测量、寻找建筑图片中的黄金分割点，感受黄金分割后的图形美感（图3-4）。

图3-4

【案例】《美丽的黄金分割》教学片段

师：请同学们先看看3号黄金分割尺是怎样使用的，找到东方明珠电视塔的黄金分割点。

师：可以将3号黄金分割尺的两端分别对准东方明珠电视塔的顶端和底座，上球体正好在电视塔的黄金分割点上。这样我们就可以发现，塔的上部分和下部分成黄金分割，设计师把上球体放置在塔身的黄金分割处，可以使整个建筑看上去和谐美观。

师：请同学们小组合作，寻找画面中的黄金分割点。

（1）四人为一小组，选取合适的尺子，在图里找到黄金分割点，并进行标记。

（2）同屏拍照，为汇报做准备。

（3）学生指着图片进行汇报。

（4）议一议：同学们找到图片中的黄金分割点后，你的感受是什么？

师：同学们说得很好。建筑师们对0.618这个数字特别偏爱，无论是古埃及金字塔，还是巴黎圣母院，或者是近世纪的法国埃菲尔铁塔，都有与0.618有关的数据。建筑师们发现，按这样的比例来设计殿堂，殿堂更加雄伟、美丽；设计别墅，别墅将更加舒适、漂亮。即使是一扇门窗若设计为黄金矩形都会显得更加协调和令人赏心悦目（图3-5）。

图3-5

人们还发现，一些名画、雕塑、摄影作品的主题，大多在画面的0.618处。艺术家们认为弦乐器的琴马放在琴弦的0.618处，能使琴声更加柔和甜美。

令人惊讶的是，人体自身也和0.618密切相关，对人体解剖很有研究的意大利画家达·芬奇发现，人的肚脐位于身长的0.618处；咽喉位于肚脐与头顶的0.618处；肘关节位于肩关节与手指的0.618处，人体存在着肚脐、咽喉、膝盖、肘关节4个黄金分割点。

学生边操作边思考，在测量中感知黄金分割点的重要性。在实践中学生发现改变建筑的高度、移动塔的位置，这些建筑顿失美感，这一环节使学生深刻感受到黄金分割比的重要性。学生在古今中外的著名建筑中了解黄金分割比，在建筑群中寻找黄金分割比，在建筑情境的帮助下，在实践操作中，难以理解的黄金分割变得生动形象了，抽象的数学知识在美丽的建筑里也显得赏心悦目了。实践与思考的结合让学生理解知识、巩固知识到位，知识的拓展部分让学生学习数学的兴趣高昂，课下学生们在教室里、在身体上用尺子测量，寻找并验证神奇的0.618，这样的教学效果令老师都没有想到。

三、建筑情境服务于数学教学的原则

近年来，情境创设成了课堂教学改革的一个热门话题。创设情境既要为学生的学习提供认知停靠点，又要激发学生的学习心向。这是情境的两大功能，也是促进学生学习的两个先决条件。课堂教学的情境创设要以真实性为基本前提，以发展性为价值导向。

情境的创设多种多样，有游戏情境、故事情境、绘画情境、音乐情境、操作情境……有效的情境都能极大地调动学生的积极性。虽然说"兴趣是最好的老师"，但数学学习仅凭兴趣是远远不够的。课堂教学中情境创设得不好，就会不同程度地出现"赶时髦"的现象，即不顾教学内容，不讲实效，教学为了情境而情境，这样就使情境创设走向了形式化。因此，我们要避免情境创设的误区。

数学是一门应用广泛的理性科学，其中的许多知识和建筑学息息相关。数学一直是用于设计和建造的一个很宝贵的工具，是建筑设计思想的来源，也是建筑师用来排除建筑上的错误的手段。数学知识本身是枯燥的，大量的计算、证明使学生对数学不感兴趣，而当雄浑博大的故宫、明丽典雅的帕特农神庙、充满力量的埃菲尔铁塔、蜿蜒曲折的万里长城……这些名动天下的美丽建筑一一展现在学生眼前时，一下就吸引了学生的眼球，几乎每一个建筑都埋藏着一门科学——数学。数学赋予了建筑活力，同时它的美也被建筑表现得淋漓尽致。学生在欣赏和赞叹这些闻名世界的美丽建筑时，也对这些建筑珍品隐藏着的数学奥秘产生了兴趣，所以有效的建筑情境不仅能充分调动学生的积极性、激发学生的求知欲，而且能很好地服务于数学教学。

在《轴对称图形》一课中，我们从生活中双喜字、窗花、蝴蝶等物体的对称，过渡到建筑的对称，美丽的图案令学生发出了阵阵惊叹。

【案例】《轴对称图形》教学片段
师：世界著名的建筑中，最对称的建筑就是印度的泰姬陵。泰姬陵不仅主体建筑对称，就连水池边的瓷砖花纹、树木都对称；不仅左右对称，由于水的倒映，还上下对称（图3-6）。这种对称的构成能表达秩序、安静与稳定、庄重与威严等心理感觉，并能给人以美感。另外，北京的故宫、天坛地坛、苏州庭院等，其设计也是严格对称的。对称使建筑看起来庄严稳重。

图3-6

在《东西南北》一课的教学中，教师用了学生熟悉的北京四合院这一建筑情境来教学东、西、南、北等八个方向。

【案例】《东西南北》教学片段

师：四合院是我国古老、传统的文化象征。四合院就是由北房、南房、东房、西房四面围合，各房之间用墙连接起来形成的封闭式院落，建筑形成一个"口"字形。这就是四合院的基本特征。四合院建筑雅致，结构精巧，数量以北京最多。北京四合院作为老北京人世代居住的主要建筑形式，驰名中外。

师：四合院的结构特点是什么？

师：东、西、南、北四个厢房是如何安置的？

师：你能用今天的方位语言描述一下四合院吗？

学生对四合院这个建筑情境和建筑学具非常感兴趣，在摆一摆、说一说的过程中很快理解和掌握了八个方向。

这些课都是从社会生活建筑情境出发，激发了学生的兴趣。这些建筑情境的创设，能很好地服务于数学教学，使数学知识变得简单、生动、形象，数学的美也从这些建筑中一一体现。

还有一些课，我们引导学生在日常生活的建筑情境中探究数学知识。我们常说：数学从生活中来，到生活中去。也就是说既要让学生从日常生活中发现数学知识，又要让学生把学到的数学知识用到生活中去。

在《分数的再认识》一课中，教师引导学生从修建校园这一建筑情境出发，对分数、单位"1"有了新的认识。

【案例】《分数的再认识》教学片段

师：同学们，我们现在要重新修建校园，老师给每个小组配置了一个建筑模型，请同学们小组合作，寻找并围出教室、操场、绿化的面积。

（1）四人为一小组，选取模型中的 $\dfrac{1}{2}$ 修建教室，用红色纸片进行标记。

（2）选取模型中剩下的 $\dfrac{2}{3}$ 修建操场，用蓝色纸片进行标记。

（3）老师选种8棵树做校园的绿化，这8棵树占校园剩下面积的几分之几呢？

（4）学生指着图片进行汇报。

（5）议一议：你对自己规划的校园设计满意吗？有什么感受呢？

以前学习分数，都是在书上圈一圈、画一画，这次在建筑情境的帮助下学习分数，老师和学生眼前一亮，学生在操作中对分数单位"1"的认识印象深刻，学生的创造力、想象力也令老师赞不绝口。一位学生说："我把操场设计在教学楼的下面，方便同学们下课活动。"另一位学生说："我把树分别种在教学楼的前面和后面，希望我们的学校绿树成荫，在炎热的夏季，到处都可以乘凉……"下课后，有些学生说："老师，数学太有用了，我以后要当建筑设计师。"上完这节建筑和数学融合的课，小小建筑设计师的幼苗就产生了。

在《认识图形》一课的教学中，教师从孩子们最爱玩的搭积木这一情境引入，孩子们感到非常亲切，因为这是他们平时非常爱玩的玩具，他们在搭积木的活动中逐步认识了长方形、正方形、圆柱、球等图形的特征。

在《密铺》一课中，我们从生活中的建筑情境，如客厅的地砖、浴室的墙砖、地板的拼接等引入密铺的概念，再到著名建筑的密铺，如长城城墙的密铺、雄伟宫殿的密铺、水立方的密铺等，让学生了解密铺的历史，感受数学和艺术结合的美。

以上这些课例，建筑情境都自然渗透在数学学习中，这些建筑情境很好地服务于数学学习，为学生快速理解数学知识、掌握数学知识提供了帮助，学生们学得兴趣盎然、乐在其中。

四、建筑文化渗透于数学教学的原则

人类从最初的巢居和穴居，发展到今天的摩天大楼，其间留下了大量美不胜收的建筑精品。沈福煦先生在其著作《中国古代建筑文化史》中说："建筑不仅仅是满足人的物质活动的对象，也须满足人的种种精神活动的需要，如心理的、伦理的、宗教的、审美的等等。这种人为的物质和精神需求所构成的建筑，同时又反过来表现人自身，正是建筑的文化性。"

建筑是文化的根源。古今中外，一些历史悠久的、独具匠心的建筑不仅给我们带来视觉上的享受，而且具有重要的教育意义。有人说：建筑是一部石头史书，几千年人类文明的痕迹，无不铭刻在这石头的史书上。我们说：这部石头的史书，这些先民的遗迹，也无处不折射出数学的辉煌。

（一）中国的建筑文化

中国的建筑文化就是中国的传统文化。中国是世界四大文明古国之一，有着悠久的历史，中国人民用自己的血汗和智慧创造了辉煌的建筑文明。中国建筑以汉族为主体，在漫长的发展过程中，始终完整保持着体系的基本性格。中国历经几千年的建筑建造历史，祖先的优秀建筑遗产遍布全中国，丰富的建筑传统文化源远流长，主要表现在以下几个方面：

其一，注重人与自然的和谐及天人合一的时空意识。例如，我国的苏州园林讲究因地就势，百转千回，移步换景，曲径通幽，营造如诗如画的意境。

其二，淡于宗教而浓于伦理。中国古代的祭祀观念可以概括为"祭祖不祭神"，在祭祖的历史源流中产生了浓厚的伦理观念。例如，北京故宫、北京四合院，其严谨的布局和设置，显然是严格按照"三纲五常"的礼制要求来安排的。

其三，"恋木"情结。中国建筑以土、木为主材，石材大多用于建筑的基础、台阶或是雕刻。以木材构建房屋框架，是中国传统建筑的重要特点，墙倒而屋不塌，且具有较强的抗震功能，但防火、防腐、防蛀的性能则较差。木质结构最著名的建筑是北京故宫，在《比例的认识》教学中，出于文化自信和大力弘扬我国传统文化的历史责任感，课一开始，教师首先对故宫进行了简单的描述：

【案例】《比例的认识》教学片段

师：北京故宫是世界上规模最大、保存最完整的木质结构古建筑，是中国最宏伟、最完整的古建筑群，是中国古代宫廷建筑之精华，被誉为"世界五大宫"之首，它体现了古人高超的智慧以及精湛的建筑技艺。北京故宫距今已有600多年的历史，这闻名世界的宏伟建筑蕴含着丰富的数学知识，今天让我们一起走进故宫，去探索蕴藏在故宫中的数学奥秘。

这段建筑情境的引入，使学生被皇家建筑展现出的无与伦比的壮丽气魄所吸引，对故宫中的数学知识产生兴趣，激发了学生的求知欲望。

中国建筑"恋木"情结的另一方面是榫卯结构。比较引人注目的例子就是山西应县木塔，全塔全用榫卯连接，没有用一根钉子。在《比例的认识》教学中，学生制作完窗户后，教师重点介绍了榫卯结构。

【案例】《比例的认识》教学片段

师：为什么同学们做的窗户没有用到一个钉子呢？同学们讨论后，老师给出解释和说明。

师：同学们，古人的智慧令人赞叹。你们刚才制作窗户采用的工艺就是中华民族的传统技艺——榫卯结构。

其四，中国古建筑的屋顶对中国建筑起着重要的作用。远远伸出的屋檐、富有弹性的屋檐曲线、众多屋顶形式的变化，加上灿烂夺目的琉璃瓦，使得建筑物产生独特的视觉效果和强烈的艺术感染力。在《搭配的学问》一课中，我们巧妙地把建筑文化渗透在数学学习中。

【案例】《搭配的学问》教学片段

师：2件衣服、3条裤子有几种搭配方法？请同学们摆一摆、说一说。

生：有6种搭配方法。

师：3个房子底座模型、4种屋顶有几种搭配方法？请同学们再摆一摆、说一说。

生：有12种搭配法。

师：你最喜欢哪种搭配方法？说说喜欢的理由。

生1：我喜欢三角形屋顶，因为三角形屋顶稳定性好，比较结实。

生2：我喜欢圆形屋顶，因为圆形屋顶像把大伞，很漂亮。

生3：我喜欢有鸟翼的屋顶，屋顶像鸟的翅膀，很好看。

生4：我喜欢长方形的房子模型，因为它的面积大。

……

教师从生活中的搭配、衣服的搭配、早餐的搭配过渡到建筑的搭配，学生在摆一摆、说一说中感受到长方体的房子搭配不同的屋顶，产生的视觉效果是完全不同的，学生不仅学习了数学知识，了解了中国文化，还有了初步的鉴赏能力。

（二）西方建筑文化

我们知道，不同文化圈的人会有不同的建筑观念、不同的建筑艺术手法。法国作家雨果说："建筑是一部石头史书。"俄国作家果戈理说："建筑是历史的年鉴。"西方文明对神灵的崇拜、对宗教的敬畏深深影响了西方的建筑艺术。古希腊的帕特农神庙、古埃及的金字塔、法国的埃菲尔铁塔等著名建筑都反映了西方的文化特征。在《黄金分割比》一课中，我们介绍了古埃及的金字塔。

【案例】《黄金分割比》教学片段

师：古埃及金字塔是古埃及的法老陵墓，世界七大奇迹之一。石块之间没有任何黏着物，靠石块的相互叠压和咬合垒成。埃及大金字塔高146.6米，它的10亿倍正好等于地球到太阳的距离。塔底周长920米，如果把塔底周长除以2倍的塔高那就接近于圆周率。胡夫大金字塔的塔心正好是地球上各大陆的引力中心，通过塔底中心的子午线，正好把地球上的海洋和陆地分成相等的两半。在胡夫大金字塔中，最神秘的还是塔中的墓室，它的长、宽、高之比恰好是3：4：5，体现了勾股定理的数值。

埃及金字塔一直令学生感到好奇，尤其是金字塔里还能保存食物，这是令学生们感到最神奇的地方。

西方建筑每每以巨大的体量和超然的尺度来强调建筑艺术的永恒与崇高，

它们具有严密的几何性，具有傲然屹立，与自然对立的外观特征，古埃及建筑文化的代表—金字塔，就是以最简明有力的几何形式，表现出一种与世长存的永恒主题。古希腊到雅典卫城以神庙为主体的建筑群体，主次分明、高低错落、构图宏伟，于和谐中见完美，于完美中显崇高，于崇高中见永恒的"高不可及的范本"。这是古希腊艺术最杰出的品格和最伟大的价值之所在。

【案例】《帕特农神庙》教学片段

帕特农神庙位于希腊首都雅典卫城的山丘上，是雅典卫城的主体建筑，在世界艺术宝库中占有重要地位。神庙的建筑特点主要是和谐、完美、崇高，它采用多立克柱式为构图原则，以人为尺度，以人体美为其风格，柱式的比例与规范具有一种生气盎然的崇高美。

在这些课例中，建筑文化巧妙、自然地渗透在数学教学中，建筑文化对数学的作用是非常明显的。学生们在建筑文化的氛围里，学习兴趣很快就调动起来了，学好数学的欲望也加强了，学习能力也提高了。

建筑在数学思维的启发下不断发展，为世界创造和谐美。数学语言是最简洁的语言，用最简洁的方式揭示自然的客观规律，这正是数学的迷人所在。建筑师说："当建筑的数与形结合，建筑才更具有神韵。"

古今中外，很多著名的建筑蕴含着丰富的数学知识，建造金字塔时石块的大小、形状、数量和排列的计算工作，依靠的是有关直角三角形、正方形、毕达哥拉斯定理、体积和估计的知识。著名的河北省赵县的赵州桥采取巨型跨度，只用单孔石拱跨越洨河，由于没有桥墩，既增加了排水功能，又方便舟船往来，在当时是一个空前的创举。湖南长沙龙王港的中国结大桥采用莫比乌斯带原理和中国结的结构令人赞叹。上海东方明珠塔采用黄金分割比使得建筑完美和谐。胡夫金字塔采用圆周率、勾股定理显得庄严肃穆。印度的泰姬陵建筑更是完美的对称……这些精美的建筑运用了大量的数学知识，而建筑与数学的巧妙融合，不仅传递了中国和世界的优秀文化，而且把建筑文化渗透于数学教学中，让学生充分感受到了建筑中的数学美，激发了学生的求知欲，调动了学生学习数学的主动性，启迪了学生的深层思考。

第二节　小学数学与建筑融合的方法及策略

随着社会的迅速发展，社会对学生综合素质的发展要求也随之提高。2016年教育部提出学生发展核心素养，以培养"全面发展的人"为核心，综合表现为人文底蕴、科学精神、学会学习、健康生活、责任担当、实践创新六大素养，要求学生在人文底蕴方面具备人文积淀、人文情怀、审美情趣的能力，在科学精神方面培养理性思维、批判质疑、勇于探索的精神，学会学习是指学生需要具备乐学善学、勤于反思、信息意识的学习态度。

在以培养全面发展的人为目标的新课改背景下，小学数学的未来发展趋势是适应时代背景的，是与实际相结合的，也是需要不断探索创新的。在传统数学教学中，单一的课程，单一的目标，教师的教学设计和方法都是固定的，学生也习惯只用一种思路进行学习，导致学生思维方式单一，不够发散，缺乏主动思考和探索的精神。

新课改下的数学教学能否促进学生数学能力的提高，能否帮助学生掌握数学思想方法，能否帮助学生培养学科意识，能否让不同层次的学生学到数学，能否适应和促进社会发展这几点成了考核课程设计的关键因素。

因此，学科融合成为培养学生学科核心素养的重要方式，可以促进学生核心能力的提高。但是，在实际操作中，传统教师受到思维的限制，往往容易生硬地将学科进行融合，从而达不到教学目标。融合应当是其他学科对本学科进行补充，选择其他学科与本门学科相关的知识点，围绕本课程的教学核心开展，能够起到画龙点睛的作用，更好地使学生掌握知识。

小学数学与建筑的融合是在此时代背景下能够培养学生核心素养并为学生学习数学起到关键的辅助作用的创新型教学方式。利用建筑中的数学信息与数学课程结合进行教学，容易出现本末倒置的情况，建筑应该为数学服务，为提高课堂效率而服务。因此，我们通过长时间的探索与实践，将小学数学与建筑融合的方法及策略分为以下四点。

（1）以建筑与数学的结合点，窥建筑的全貌。

（2）动手操作+建筑需求成为数学设计的主要形式。

（3）用真实的模型架起数学知识与现实应用的桥梁。

（4）创设建筑情境，传递优秀文化。

一、以建筑与数学的结合点，窥建筑的全貌

在数学教学中创设情境有利于解决数学抽象性和小学生思维具体形象之间的矛盾。数学课程标准明确指出：数学教学是数学活动的教学，是师生之间、学生之间交往互动与共同发展的过程。数学教学要求紧密联系生活实际，从学生的生活经验和已有知识出发，创设各种情境，为学生提供从事数学活动的机会，激发学生对数学的兴趣以及学好数学的愿望。但在教学实践中，由于各种原因，仍然有很多案例仅仅是为了创设情境而创设情境，并没有达到情境教学的要求，使得教学效果并不是很理想。因此，改变传统教学方式，创造更有效的教学情境势在必行。

学生的生活离不开建筑，路有曲直宽窄，房有大小高低，建筑必须与形和数打交道，于是建筑就与数学结下了不解之缘。数学可以说是建筑设计的基础，建筑可以说是具象的数学概念，构成建筑形式的基本要素为点、线、面、体，这都与数学息息相关。

建筑的重复性显而易见，具有相似的层次结构，局部与整体在形态、功能、空间等方面具有相似性，是建筑对自身的统一。因此我们可以由点窥面。比如，一座高楼大厦，一楼固定了整栋楼的形状。一座桥、一条路、一条轨道，在修建的时候都是一部分一部分修建的，大型建筑也是一样。古建筑群金字塔、中国故宫，都是建筑相似的建筑群。

那么，我们可以找到建筑与数学的结合点，创设数学建筑情境，让学生在建筑情境中感受数学的实用性、严谨性、美观性，同时深化对数学知识的理解，通过小小的数学知识点窥建筑的全貌。因此，我们展开了关于创设建筑情

境的一系列研究。

（一）寻找建筑中的数学知识

在创设建筑情境时，首先找到建筑与数学的结合点。建筑中蕴含了简单的数学知识，如建筑外形与建筑材料是简单的几何体，可与认识图形相结合。直观认识角（直角、钝角、锐角），长方形、正方形的特征，平行与垂直这些几何性质与建筑的物理特性相关；直观认识平移、旋转现象；直观认识轴对称图形与建筑整体美及细节的装饰美有很大的关系。

在古代建筑中，我们可以看到金字塔地基边长与高度之比的两倍正好等于3.14，它是一个抽象几何形体——正四棱锥体。古希腊帕特农神庙是举世闻名的完美建筑，它的高和宽的比是0.618。而且帕特农神庙的主体还是由多根圆柱组成的。拜占庭时期的建筑师们将正方形、圆、立方体和带拱的半球等概念完美地组合起来。圆、半圆、半球和拱顶的创新用法成了古罗马建筑师引进并加以完善的主要数学思想；同时，对称性以及对称花样已散见于各民族的装饰艺术中。我们常说"简约而不简单"，建筑就是一种能够最终归结为数学的简约的艺术。

建筑情境完全来源于生活中看得见摸得着的事物，并不是凭空想象的，因此相比于其他情境，建筑情境与生活的联系更加密切。它带给学生的新鲜感和真实感能有效地帮助学生用数学知识解决实际问题，不仅可以使枯燥无味的定义和公式变得生动有趣，使所学知识得到巩固、发展和延伸，同时，又可以促进学生的探索意识的形成，培养学生初步的实践能力。

例如，北师大版教材五年级下册《长方体的认识》这一单元是学生由平面图形到立体图形的一次过渡，也是学生学习其他立体图形的基础。虽然说长方体在学生的身边随处可见，但要发现并了解它的特征，对于空间能力薄弱的学生来说还是有难度的，尤其是每个面对应的棱是长、宽还是高，学生分不清楚，因此需要通过有趣的贯穿整节课的情境增强学生的理解，所以我们利用了长城城墙这个建筑情境进行教学。

【案例】《长方体的认识》教学片段

建筑情境引入：

师：同学们，你们看这是什么？

生：砖块。

师：你们知道这些砖块是干什么用的吗？

生：盖房子。

师：生活中我们用不同的砖来盖各种不同的房子。

（PPT出示图片）

师：见过这些砖吗？这个砖是什么形状？

生：长方体。

师：你们在哪里见过用这种长方体砖修建的建筑物。

生：水泥房、公园道路、长城。

师：是的，长城的城墙、道路、台阶基本上都是一块块长方体砖砌成的。长城是中外文明的名胜古迹，从东到西绵延万里；从古至今，其修筑延续2000多年。其中明朝修建的长城构造雄伟、坚固，并拥有完善的设施、科学的防御功能，建筑成就在历代长城中达到顶峰。

师：明代的造砖工艺达到前所未有的水平，为修造京畿附近的明长城奠定了基础。长城砖均为青灰色，强度极高，并可依其用途制成各种规格、各种形状。其中最常见的长砖长为37厘米、宽为15厘米、厚为9厘米，重约15千克。

今天这节课就让我们一起研究长城的墙砖并且制作长城模型。

本节课从长城这个建筑情境入手，引导学生观察思考，引起学生探究的需要，使学生展开丰富的空间想象，发展空间观念。同时埋下制作长城模型这个伏笔，学生会很好奇，长城模型该如何做呢？在这样的疑问与期待下学生会积极参与到学习中去，为本节课探索活动的展开做铺垫。

除了简单从建筑外形直观展示数学几何图形外，我们还可以找到建筑中的数学原理。例如，墙体与地面的角度、大桥、电线杆等利用了三角形的稳定性，火车轨道利用了平行与垂直的原理。我们可以利用些知识点创设情境，让学生理解几何性质在生活中的应用。

《认识平行》一课是在学生认识了直线、射线、线段、角以及长方形和正方形的基础上学习的，由于长方形和正方形的两组对边所在的直线都是平行线，所以对于平行线的建立学生有了一定的基础，在同一平面内理解和画平行线的方法是本节课的难点。我们可以在教学时利用推拉窗户这个建筑情境。为了保证窗户可以正常推拉，两条直线必须保持平行，从这个生活中的建筑情境入手，让学生理解平行线原理在建筑中的意义，提高学生的兴趣，为后面画平行线埋下伏笔。

【案例】《认识平行》教学片段

情境——激起学习欲望：

师：同学们，你们在这几幅图中找到什么共同点？

生：直线。

动画演示：从图中抽象出直线。

师：什么是直线？

生：可以向两端无限延伸。

师：这两条直线有什么特征呢？

生：平行。

师：你能在我们的教室里找到像这样的平行线吗？

生：黑板的上下两条边、门框、地砖线、窗框。

师：是的，同学们找得真准，今天就让我们一起来认识平行线，并且做个小设计师，来设计制作教室的窗户。

让学生观察身边的事物，从身边寻找答案，深刻理解其意义。操作活动在教师的引导下激发了学生主动探索的意向，培养了学生主动探索的积极性，发展了学生探索的兴趣。学生的竞赛意识也会被激发起来，激发发散思维，寻找多样化的答案。

（二）由点及面，窥建筑的全貌

利用建筑情境中的数学知识进行知识点的学习，通过学习，了解建筑的原理后，从一个点进行辐射，扩散到许多点，在深刻理解数学知识的同时窥建筑的原貌。

在课例《长方体的认识》中，教师让学生用小棒搭建长方体框架，探究棱的性质，再选择合适的面搭建长方体，探究面的特性，在操作过程中理解知识点，最后小组合作搭建长城的城墙。学生认识了长城上的长方体砖、天安门广场的地砖、埃及的大形砖，甚至别的建筑材料。

【案例】《长方体的认识》教学片段

1. 认识长方体的长、宽、高

（1）动手操作，深化认识。

① 现在请你们用学具袋中的细木条制作一个长方体的框架。

② 师：你发现长方体的12条棱可以分成几组？每一组棱的长度怎么样？

（2）认识长、宽、高。

① 师：相交于同一个顶点的这三条棱的长度相等吗？像这样相交于同一个顶点的三条棱的长度，分别叫作长方体的长、宽、高。

② 认识不同位置放置的长方体的长、宽、高。

横着、竖着、侧着摆放长方体框架，分别让学生指它的长、宽、高。

（学生通过用小棒自己做一个长方体框架这一实践活动，再现长方体的表象，直观认识长、宽、高。在认识长方体的长、宽、高时，引导学生把学具变换放法，突出图形的变式，让学生在变式中真正理解长、宽、高的含义。）

2. 学习长方体棱长总和的求法

师：做这个长方体的框架共需要多长的木条？需要量出几条棱的长度？为什么？棱长总和=（长+宽+高）×4。

怎样求总棱长？（揭示棱长总和的概念：长方体中12条棱的总长度叫作这个长方体的棱长总和。）

3. 认识长方体的面

（1）师：学习袋中有6张硬卡纸，同桌合作，选择合适的面卡在长方体框架上，组成一个长方体。

学生合作动手操作，教师指名学生汇报。

师：你是怎么拼的？

生1：长方体相对的面一样，我找出三组完全一样的面。

生2：我先分成三组，然后把长和宽对应的面卡上去。

师：是的，长方体对应的面完全相同，我们称之为上面和下面、前面和后面、左面和右面。

请你们把这个长方体摆在桌面上，互相说一说每个面的名称以及每个面对应的棱的名称。

（2）制作长城模型。

师：同学们，现在长方体砖已经做好了，我们一起来砌长城吧。

两个小组合为一大组，把你们手中的长方体砌在一起。

4. 感情升华

师：古代的时候，工匠们就是这样做成了一块块砖，工人们再把沉重的砖一块块搬上山，为我们筑成了一道安全的防线。

我们一起欣赏一下，除了长城，还有哪些建筑是用长方体砖搭建的，如天安门广场的地砖、埃及的金字塔等。同学们，请你们思考一下，为什么要用长方体形状的砖来搭建？优势是什么？以后请你们多观察生活中的建筑物是什么材料搭建的，为什么。

本节课的操作环节与课堂知识紧密结合，学生课后普遍反映该堂课印象深刻，知识点完全理解。用情境引入吸引学生注意力，引起学生好奇心，再鼓励学生积极参与，动手操作深入学习，丰富学生的感知觉，引发学生的想象，大大提高学生的课堂学习效率。

（三）操作——揣摩知识经验

在学习《认识平行》时，学生经常出现的问题是画平行线时一头宽一头窄，究其原因是没有深刻理解平行的意义。我们在前面引入窗户的情境后，从画到操作，让学生充分感知平行的意义，并让学生设计制作推拉窗户模型，因此学生们知道上下窗框之间的距离必须相等，由此深入理解平行线的意义。

【案例】《认识平行》教学片段

1. 自画

师：现在同学们对平行线有了一定的了解。你能画出一组平行线了吗？

（指名演示）

（用直尺、方格纸等画）

2. 学画

（1）师：前面我们说斑马线也互相平行，我们能用这些工具去画吗？

（2）教学一般的画法。

课件演示画法。

小组合作：小组内交流一下视频的画法。

学生描述画法。

生：①沿三角尺的一条直角边画一条直线；②把直尺与三角尺的另一条直角边紧贴在一起；③把三角尺沿直尺平移一段距离，平移时直尺的位置不能动；④沿三角尺的直角边画另一条直线，这样就得到一组平行线了。

（3）回忆画法，请教一下为什么要借助直尺？

（预：防止三角尺在平移过程中歪斜。）

（板书：画时要紧靠、平移）

【设计意图】

画平行线对于小学生来说是比较难的，所以我借助了多媒体的优势，以直观生动的动态演示，让学生先观察再模仿，进而再自己琢磨出画法。对本课的两个知识点都通过讲练结合使知识再现，使学得的知识及时得到巩固。

3. 画一画

（1）给你一条已知直线，你会画它的平行线吗？P40试一试。

（2）经过一点，你能画出这条已知直线的平行线吗？P41第4题。

（四）操作——深化理解

师：同学们，我们来看看教室的窗户，如果窗户上下两条边框不平行会发生什么？

生：推不动。

师：那怎么保证这两条直线互相平行呢？

归纳：在平行线之间画出的所有垂直线段都相等。

谈话：以后判断两条直线（或线段）是否平行时，可以在一条直线上取两个点，分别向另一条直线画垂线，如果画出的两条垂直线段相等，说明这两条直线互相平行；也可以用直尺量一量，如果距离都相等，说明这是一组互相平行的直线。

师：现在请你们做设计师，设计并且制作窗户模型。

（1）请你在纸上画出两条距离为10厘米的平行线。

（2）把窗框木棍粘在平行线的位置上。

（3）尝试将窗户木片放进卡槽，检验是否能顺利推动。

小组合作完成。

师：现在每个小组都完成了，有的小组制作的模型推不动是因为什么？

生：两条窗框之间距离不相等，一头宽一头窄。

师：是的，平行线之间的距离相等，画完以后要用直尺检测一下两头是否距离相等。

（五）所思所学

师：同学们，今天我们学习并制作了教室窗户的模型，校园里其他窗户是不是也是这样的？家里的窗户是不是也是这样的？外面高楼大厦的窗户又是什么样的呢？请你们下课后多去观察，看看有什么发现。

知识的理解需要一个自我内化的过程。通过各种形式的训练，促使学生对平行线的理解和画法在发展中飞跃。制作窗户这个过程让学生兴趣大增，虽然只是制作了一个窗户，但是为学生打开了思维与发现的窗户，学生们会有意识地去观察其他窗户，不同形状的窗户、不同材料的窗户、不同建筑的窗户……

建筑是一种艺术，建筑中的每一个小组成都要与它的整体相呼应，这样才能使建筑显得和谐。我们只需要用心找到建筑中的小细节，稍微加工，就可以成为一个非常好的建筑情境。

创设数学建筑情境的方法多种多样，元素也有很多，教师需要发散思维，创造出适合学生主动探索问题的情境，让人人参与学习全过程，使学生在课堂上愉快地探索、深刻地理解、牢固地掌握数学知识。

二、动手操作+建筑需求成为数学设计的主要形式

操作实践是能力的源泉、思维的起点，它的魔力在于把抽象的东西具体化、形象化，把枯燥乏味的文字叙述转化为吸引人的、简单的、快乐的、带有不同思维形式的游戏，让学生在实践的过程中逐步形成正确的心理活动，从而使知识内化。数学课程标准指出，要让学生亲历数学知识的形成过程。因此，动手操作是学生学习抽象数学知识的必由之路。但是，真正的课堂受到时间、任务量和学具等因素的限制，学生没有充分动手探索的机会，导致学生脱离实际生活，对抽象知识没有概念。要让学生通过亲自触摸、观察、测量、作图和实验，把视听觉、触觉、运动觉等协同利用起来，强有力地促进心理活动的内

化，从而掌握图形的特征，形成空间观念。

我们改变传统的学生听老师讲模式，找到建筑需求中的数学原理并将其融入课堂，通过动手操作解决建筑问题来实现教学目标，以此为教学设计的主要形式，让学生更高效地学习数学。

建筑需求不单单宽泛地指大型建筑物，还包括建筑物中的细节、窗户、门、装饰，生活中的物体、桌子、椅子、手推车等，这里面的数学问题，结合动手操作，都可以成为教学设计的主体。

金字塔为什么是三角锥体？泰姬陵为什么是对称的？屋顶为什么是三角形的？车轮为什么是圆形的？火车轨道为什么是平行的？这些问题都隐含了数学原理，对生活中这些建筑物的数学问题进行探讨研究能够很好地帮助学生理解知识。一节课只有40分钟，在40分钟内进行课程知识的理解、练习，还有操作活动，操作活动容易出现拖沓的现象，因此对学具和操作环节的设计有比较高的要求。

学具的设计需要满足以下几个条件：①符合课程知识点；②操作简单，尽量避免学生在操作上浪费时间；③可回收再次利用。木制学具完全满足以上几个条件，而且可以按照课程要求对大小、形状进行切割设计。

按照课程设计形式，我们可以简单地把学具分为两大类：探索型学具和制作型学具。

探索型学具就是制作完整学具，学生只需要对学具进行简单的操作，便可以解决问题，达到课程设计目的，这种类型的学具在教学设计时不需要占用太多时间，一般5~8分钟即可。

例如，四年级下册《图形分类》就是利用建筑需求进行教学设计的，房屋的稳固性涉及三角形的稳定性和四边形的相对不稳定性。为什么屋顶设计为三角形的？首先提出这样一个问题，再通过动手操作让学生感受三角形的稳固性。

【案例】《图形分类》教学片段

师：先来看看这三个房屋，你们能找到建筑中的三角形吗？在哪里？

生：在屋顶。

师：为什么这三个屋顶要设计成三角形？

生1：因为三角形稳定，房屋就不会塌下来。

生2：因为三角形是尖尖的，能够排水。

生3：……

师：同学们的想法真不错，都有道理。想不想亲自体验一下，动手搭建一个这样的屋顶？

通过观察房屋，学生们产生了思考，引起学习的兴趣，为下一步动手操作埋下伏笔。

师：今天我们每个人都是建筑师，我们最终的任务是利用三角形和四边形搭建一个房子的模型。

课前给每个小组发了学具袋，学具袋里有以下材料：木棒、剪刀、扎带。

师：扎带你们认识吗？通过一个视频我们来了解扎带的使用。

师：看完了扎带的使用说明，小小建筑师，今天要完成这个屋顶的搭建可不容易，我们将活动分成三个小任务依次进行。有没有信心？

师：建筑师们，请听第一个任务——组装2个三角形。接着用同样的方法组装三角形的两个角。

师：清楚怎么组装三角形了吗？好，请同学们只打开A袋，拿出袋中的材料，小组合作搭建，开始！

小组合作，组装开始。

师：请听第二个任务——组装2个四边形。打开B袋，小组合作，搭建开始！

师：刚才在安装图形的时候，我发现有的同学拉了拉三角形和四边形，你们发现了什么？

生：三角形拉不动，四边形拉了会变形。

师：这说明材料中的三角形具有稳定性，而四边形容易发生变形。

将学具组合成三角形和四边形后，学生们可以轻易感受到三角形的稳定性和四边形的不稳定性，这样通过动手操作学生们不但轻易理解了几何性质，也会觉得趣味性十足，学习注意力集中。

师：我们的最后一个任务是用三角形和四边形组装一个稳固的房子。想一想，怎么组装，屋顶才能稳定？

搭建小房子这个过程有一定的难度，需要学生合作完成，部分学生可以成功搭建小房子，但这并不影响学生们的感受，学生们感受到原来数学知识就是这样真实地运用到生活中的建筑中，提高了学习数学的积极性。

除了探索型学具，我们还需要设计制作型学具。制作型学具是给学生半成品或者材料，让学生通过动手制作学习探索。这种形式的课程要给学生充分的动手时间，因此在设计上一般要留10~15分钟，新知的学习往往不能给学生留有大量时间，因此我们可以设计操作练习课。

立体几何涉及的知识点比较多，如点、线、面、周长、体积等，如果不通过操作学习，只是死记硬背，学生很容易忘记。通过动手操作学生可以轻松理解几何图形各部分的关联以及性质。

课例《帕特农神庙复原记》的设计思路来源于帕特农神庙这个古希腊著名建筑。希腊雅典的帕特农神庙庄严而肃穆，它的构造一直被称为世界建筑中完美的比例典范，其中最重要的组成部分就是它的圆柱，这些圆柱气势宏伟，那圆柱是怎么做成的？圆柱是北师大版教材六年级的内容，学生已会计算圆柱的表面积和体积，知道圆柱底面半径和圆柱的关系，但是这都是抽象概念，学生并没有制作过圆柱，缺乏实际动手操作的经验。因此，在教学时应充分利用这些经验和知识为学生提供探究的空间，让学生通过观察、分析、独立思考、合作交流等方式，计算并动手完成作品，发展学生的数学思考，培养其空间观念和意识。

【案例】《帕特农神庙复原记》教学片段

1. 讨论制作圆柱方法

师：请你们仔细观察，这个神庙有什么特征（图3-7）？

图3-7

生：有很多圆柱，对称。

师：是的，神庙由很多圆柱构成。你们知道如何制作一个圆柱吗？需要什么数据？

生：直径和高。

师：谁来说说制作一个圆柱的步骤？请你们讨论一下。

（学生充分讨论）

师：是的，刚才这位同学说得很清楚，我们一起看看制作圆柱的步骤。（PPT文字出示制作圆柱的步骤，让学生充分熟悉步骤。）

师：①确定圆柱的直径和高，计算圆柱底面周长。

②将圆柱高和底面周长分别作为长和宽画出长方形并剪下。

③将长方形剪成圆柱形状并粘贴。

现在你会制作了吗？

师：这节课我们只制作神庙正面的圆柱，数一数正面一共有几根？这8根圆柱都是怎样摆放的呢？两排多少根？是的，16根，等会每组需要制作16根圆柱。

【设计意图】

这一环节是对圆柱知识的复习，也是理论到实践的一个过程。通过理论知识的思考，明确制作的步骤。大部分学生没有实践的经验，无法准确描述制作方法。准确描述步骤可以提高学生的制作准确率和效率，同时也提高了学生的表达能力。

2. 制作模型，反思总结

（1）制作圆柱。

师：数据都已经算出来了，接下来我们就要开始动手制作了，动手之前请看要求，小组每一位同学都要动手制作2个圆柱，共完成16个。

（2）将完成的圆柱与底部、顶部结合组成完整的模型。

（3）模型制作完成后测量高和宽，进行高宽比的计算，完成学习表。

3. 总结

同学们，你们完成得很好，一个个漂亮的模型就在大家的合作下完成了，非常棒！那你们能告诉我学习表2的结果吗？这就是著名的黄金分割比。它的正立面的各种比例尺度一直被作为古典建筑的典范，柱式比例和谐，使得帕特农神庙整个建筑既庄严肃穆又不失精美，被美术史家称为"人类文化的最高表征""世界美术的王冠"。

提前制作好带有圆孔的顶部和底部，给学生提供长方形瓦楞纸，让模型完成后看起来更美观，让学生以小组合作的形式制作16根圆柱，每人最少制作2个圆柱，插入圆孔，形成模型。直到下课铃响，学生们还在兴致盎然地想办法完成作品，这种制作有难度、步骤较多的动手操作，就需要小组合作完成，培养了学生互相帮助、团结一致的精神。圆柱制作完成后出现了大小不一的情况，学生们反思出现这种结果的原因，明白了数据精准的重要性，树立了科学严谨的态度。同时，学生们通过制作圆柱，理解了半径、底面周长和高的关系。

这种类型的课程对于学生动手能力的要求比较高，教师要了解学生的动手能力，设计符合他们能力的课程，注意以下几个问题：①慎重选择材料，排除其他干扰，避免课堂场面混乱；②鼓励学生语言交流，不能只是强调动手操作；③提高学生使用学具（如剪刀等）的安全意识，避免学具对学生造成伤害。

宋代诗人陆游有一句诗："纸上得来终觉浅，绝知此事要躬行。"小学生在学习中，在掌握知识的过程中，"躬行"是最直接最有效的。动手操作让学生在严谨认真的学习过程中培养了良好的习惯，也在这个过程中学会坚持，让学生在各个方面都得到发展，培养了学生的综合素质。

三、用真实的模型架起数学知识与现实应用的桥梁

数学是一门抽象性、逻辑性比较强的学科，小学生的思维正处于由具体形象思维向抽象逻辑思维过渡的阶段，而真实的模型正是数学知识的抽象性和学生思维的形象性之间架起的一座桥梁。在小学数学教学中，适当地让学生动手操作真实模型是很有益的，数学的操作活动不仅能充分体现学生学习的自主性，而且能将一些抽象的数学理论还原为直观的数学模型，让学生在动手"做"数学中感受数学与生活的密切联系。因此，我们在数学课堂中引入真实模型让学生在操作中体验，在操作中探知，力求通过学生的动手参与，促成更为生动活泼、扎实有效的数学学习。

真实模型在小学数学学习中的意义：

其一，真实模型为学生的数学理解提供支撑。例如，在《密铺》教学设计中，为了更好地辅助教学，我们给学生提供合适的学具。我们为学生自主研发

了一套"神奇的密铺"学具，每套学具含7种图形：正方形、等边三角形、平行四边形、等腰梯形、正五边形、正六边形、圆，每种图形各20个，有磁性，共140片。使用范围：本学具在小学阶段的《认识图形》《长方形和正方形》《三角形》《平行四边形》《梯形》《密铺》《圆的周长》等课中，认识图形的特征，学习这些平面图形的边、角、周长、面积等内容均可使用。

在教学《密铺》一课中，围绕"哪些平面图形能够单独进行密铺"这个问题学生们展开了思考和讨论。实践是检验真理的唯一标准，为了验证猜想，学生们用手中的学具拼一拼、摆一摆，答案就呼之欲出了。

哪些平面图形能够单独进行密铺（图3-8）？

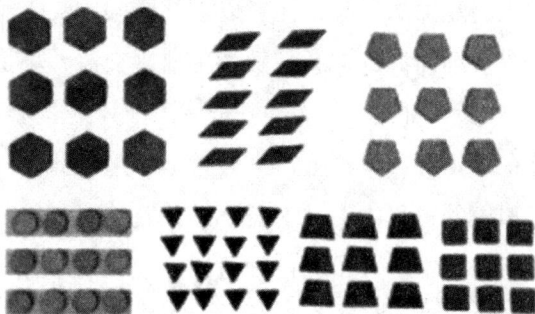

图3-8

操作、验证要求：

（1）小组内用各自准备好的图形尝试进行密铺，验证哪些图形可以单独密铺。

（2）汇报交流：展示验证结果。

小组展示汇报：

生1：我们小组最先猜想平行四边形、等腰梯形、等边三角形和正五边形是可以密铺的，圆不能密铺，但是通过验证，我们发现正五边形也不能密铺。

生2：完全一样的平行四边形是可以密铺的，因为能做到无空隙、不重叠。

生3：完全一样的等腰梯形是可以密铺的，因为能做到无空隙、不重叠。

生4：完全一样的等边三角形是可以密铺的，因为能做到无空隙、不重叠。

生5：完全一样的圆不能密铺，因为无法做到无空隙、不重叠，中间总是有空隙。

生6：完全一样的正五边形也不能密铺，因为无法做到无空隙、不重叠，总是有空隙（图3-9）。

图3-9

（3）得出结论。可以单独密铺的图形：正方形、等边三角形、长方形、等腰梯形、正六边形；不能单独密铺的图形：圆、正五边形。

师：刚才同学们动手将这些图形铺一铺，很快得出了结论，现在的结果和你之前的猜测一样吗？

【设计意图】

操作验证是数学证明的常用方法，也是学生获取知识的有效途径之一。学生利用真实模型在动手操作中对密铺的理解更加深刻，并通过研究密铺的原理，感受密铺的数学之美。

动手操作因其学具的直观形象与学生的亲身参与，能够促使学生经历学习的过程，获得丰富的体验，从而理解和掌握数学知识。操作真实的模型为学生的概念形成、规律发现、算理理解等提供了有力的物质支撑，从而实现有意义的数学理解。

其二，真实模型有利于培养学生的空间观念和空间思维。空间观念是指几何形体在人脑中的视觉表象，它是学习几何的必需的思维和能力。小学生的空间观念是很弱的，我们要在教学中逐步培养他们的空间观念。其中一个主要渠道就是让学生亲身感受各种几何形体的特征，在大脑中形成各种表象。例如，在教学《搭一搭》中，我们给学生准备了小方块学具，让学生搭一搭、摆一摆，通过动手操作来感受它们的特征，让学生在大脑中形成较深的印象，最终形成表象。在学生学习了把空间图形转化为平面图形的基础上，根据不同位置看到的立体图形的形状还原为原来的立体图形。从正面、上面和侧面（左面或右面）看到的立体图形的形状出发，探索搭出相应的立体图形的策略和方法。

操作要求：

（1）由正面的形状你能想出哪些可能？先想一想，再动手搭一搭。

（2）在此基础上，根据右面、上面的形状我们可以怎样做（图3-10）？

图3-10

【设计意图】

在动手操作的过程中，学生根据从正面、上面和侧面看到的立体图形的形状，搭出立体图形，发展空间观念。

在操作模型的过程中，学生不仅学到了知识，其空间观念和空间思维也得到了培养和发展。

其三，真实模型有利于激发学生学习数学的兴趣。

兴趣是学习的重要动机，有了兴趣，学习的效率会有明显的提高。在数学课堂中设计一些模型，也迎合了小学生爱玩的特点。

在《密铺》一课中，让学生利用学具进行"创作密铺"，这个环节的设计旨在引导学生在实践、思索和创作活动中进一步感受、体验几何构图的美及数学知识在生活中的应用价值，培养学生的观察发现、合作交流、动手操作等能力和创新意识。学生通过欣赏密铺作品和设计简单的密铺图案，经历欣赏数学美、创造数学美的过程，从而激发学习数学的兴趣，享受由美带来的愉悦。

【案例】《密铺》教学片段

一、创作密铺

1.欣赏两种或两种以上平面图形的密铺

师：是的，像这样用两种或两种以上的平面图形既无空隙，又不重叠地铺在平面上，也是密铺。设计师们正是将数学与艺术紧密地结合起来，用密铺的方法为我们设计了各种美丽的图案。

2. 设计密铺图案，装饰墙面或地面

师：同学们，想不想自己做设计师，创作密铺图案？

师：请同学们拿出磁力板，打开学具袋，选一种或几种平面图形，拼一拼、摆一摆，创作密铺图案，设计出漂亮的墙面或地面。

（1）创作要求：

① 选一种或几种平面图形创作密铺，在磁力板上自己设计一组图案。

② 时间限制：8分钟。

（2）展示汇报（图3-11）。

图3-11

【设计意图】

学习的最终目的是学以致用，本节课安排了设计密铺作品的活动。依据学生的认知特点，需要在积累大量素材的基础上才能激发学生的创作灵感。因此在设计密铺图形环节中我设计了欣赏和创作两步。欣赏之后，再让学生设计简单的密铺图案，进一步感受图形密铺的奇妙，获得美的体验。学生感受到了学习的快乐，自然产生了学习数学的兴趣。

其四，有利于培养学生严谨的科学态度。我们在课堂上给学生提供的真实模型都是按照一定比例精心制作完成的，并且对学生动手操作也有一定的要求。例如，在教学《长方体的表面积》一课时，让学生通过动手操作模型，用三个、四个或者多个长方体拼摆，设计包装方案。学生在探究、思考、表达、归纳的数学化过程中，既培养了科学、严谨的学习态度，又使策略意识和策略优化更加深入，从而把数学的核心素养落到实处。

【案例】《长方体的表面积》教学片段

包月饼盒。

师：将四盒相同大小的月饼盒包装在一起，你们能想出哪些包装方法？（一个月饼盒的长为110毫米，宽为70毫米，高为16毫米）选用哪种包装方法更节省包装纸？

（1）分组活动，动手研究。利用手中的学具动手摆一摆。

（2）在本子上画一画、算一算。

（3）展示交流。

学生展示自己摆出的方案，交流想法，并说出哪个面重叠及重叠面的数量，汇报计算方法和结果（可以汇报优化的策略）。

（4）组织学生比较。

汇报预测：

重叠面：

① 六个大面。

② 四个中面、四个小面。

③ 六个中面。

④ 四个大面、四个小面。

⑤ 四个大面、四个中面。

⑥ 六个小面。

最优方案预测：

① 六个大面重叠时表面积最小。

② 四个大面、四个中面重叠时表面积最小。

讨论：哪种方案最节约包装纸？

（5）得出最优方案：方案①最节省包装纸。包装时越"减少"面积最大的面，就越节约包装纸……

应用数学知识搭建建筑模型，既能培养学生的动手操作能力，又能培养学生认真、严谨的科学态度。策略意识的形成和数学思想的感悟必须贯穿数学学习的全过程，学生只有亲身经历、动手实践、操作模型，感受才会深刻。

四、创设建筑情境，传递优秀文化

中国建筑具有悠久的历史传统和光辉的成就，从陕西半坡遗址发掘的方形或圆形浅穴式房屋发展到现在，已有六七千年的历史。修建在崇山峻岭之上，蜿蜒万里的长城，是人类建筑史上的奇迹；建于隋代的河北赵县的赵州桥，在科学技术同艺术的完美结合上，早已走在世界桥梁科学的前列；现存的高达67.1米的山西应县佛宫寺木塔，是世界现存最高的木结构建筑；北京明、清两代的故宫，则是世界上现存规模最大、建筑精美、保存完整的大规模建筑群。至于我国的古代园林，其独特的艺术风格，使其成为中国文化遗产中的一颗明珠。这一系列现存的技术高超、艺术精湛、风格独特的建筑，在世界建筑史上自成系统、独树一帜，是我国古代灿烂文化的重要组成部分。它们像一部部石刻的史书，让我们重温着祖国的历史文化，激发起我们的爱国热情和民族自信心，同时也是一种可供人观赏的艺术，给人以美的享受。

长城又称"万里长城"，是中国古代在不同时期为抵御塞北游牧民族的侵袭而修筑的规模浩大的军事工程的统称。长城始建于春秋战国时期，始修于燕王，历史长达2000多年。今天所指的长城多指明代修建的长城，它东起鸭绿江，西至甘肃省的嘉峪关。

在中国历史的长久岁月中，许多封建王朝为了巩固自己的统治地位，曾经对长城进行过多次修筑，我国古代千千万万的劳动人民为它贡献了多少智慧，流了多少血汗，才使它成为世界一大奇迹。

【案例】《奇妙的图形密铺》教学片段

1. 创设情境，提供素材

师：同学们请看大屏幕，这是老师在假期旅游时拍到的照片（图3-12），你觉得中国万里长城在建筑设计上有什么特点？

图3-12

学生思考后交流。

汇报预测：

（1）依山而建，规模宏大，气势雄伟。

（2）土石结合，土筑+石砌。

（3）由一块块石砖紧密整齐地排列组成。

【设计意图】

以亲身体验场景中的密铺现象作为活动的素材和内容，有效激发学生的探究欲望，培养学生用数学眼光观察生活、在生活中体会数学美的能力。

2. 借助素材，理解密铺

师：请你观察一下，万里长城的建筑分别是由哪些图形构成的？图形与图形之间有什么关系？

引导学生回答：正方形和长方形等，铺的时候没有空隙、没有重叠。

交流课前收集的资料：什么是密铺？

任何图形，如果能既无空隙又不重叠地铺在同一个平面上，这种铺法就叫作"密铺"。

揭题：今天这节课我们就一起来研究图形的密铺。

师：其实，密铺在我们生活中有着非常广泛的应用，在生活中人们经常用密铺的方法来铺地板、贴瓷砖，美化我们的生活。一个个简单的图形，经过密铺，就能把普通的墙面、地面变得很有欣赏价值，人的想象力和创造力真是了不起啊。

欣赏建筑中的密铺。

师：密铺给我们的生活带来美的享受。在很多建筑上都有密铺，老师找到了一些，你们想看吗？

现在你能用自己的话说说怎样铺才叫密铺吗？

师总结：用形状、大小完全相同的一种或几种平面图形进行拼接，彼此之间不留空隙、不重叠地铺成一片，这就是平面图形的密铺。

【设计意图】

本课从生活中的密铺——建筑中的密铺引入，建筑中的密铺之美令学生惊叹，感受到中华传统建筑文化的伟大魅力，让学生通过观察发现、感受密铺的存在，理解密铺的内涵。

北京故宫是中国明、清两代的皇家宫殿，旧称为"紫禁城"，位于北京中轴线的中心，是中国古代宫廷建筑之精华，是世界上现存规模最大、保存最为完整的木结构古建筑群。北京故宫被誉为"世界五大宫"之首（北京故宫、法国凡尔赛宫、英国白金汉宫、美国白宫、俄罗斯克里姆林宫），被联合国教科文组织列为世界文化遗产（图3–13）。

图3–13

在教学《认识对称》一课时，从我国闻名世界的古建筑群——故宫入手，把建筑与数学巧妙融合，让学生充分感受中国古典建筑之美，激起了学生的求知欲。

【案例】《认识对称》教学片段

1. 情境引入

师：故宫的宫殿建筑是中国现存最大、最完整的古建筑群，总面积达72万多平方米，传说有殿宇宫室9999间半，被称为"殿宇之海"，气势宏伟，极为壮观。无论是平面布局、立体效果，还是形式上的雄伟堂皇，都堪称无与伦比的杰作。北京故宫是中国古代宫廷建筑之精华，体现了古人高超的智慧以及精湛的建筑技艺。今天让我们一起走进故宫，去探索蕴藏在故宫中的数学奥秘。

观看视频。

2. 认识对称

师：看完故宫，你有什么感想？

生：宏大、壮美！

师：这些建筑有什么共同的特征？

学生们观察后得出结论：很多中国传统建筑都是左右两边一样（对称）的。

【设计意图】

古代建筑情境的导入，使学生们很好地理解了对称的特征，掌握了对称的定义，感受了中国传统建筑中蕴含的美学。

3. 认识"榫卯结构"

师：同学们，故宫建筑群采用的工艺就是中华民族的传统技艺——榫卯结构。它常用在实木家具的制作中。榫卯结构是实木家具在相互连接的两个构件上采用的一种凹凸处理的结合方式，凸出部分叫榫，凹进部分叫卯，榫卯结构起源于7000多年前的新石器时代，是我国木构技术史上的伟大发明！

【设计意图】

数学与建筑巧妙融合，让学生感受中国传统建筑中的恢宏大气，借助故宫的建筑特点理解对称的概念。

西安慈恩寺大雁塔作为现存最早、规模最大的唐代四方楼阁式砖塔，是佛塔这种古印度佛寺的建筑形式随佛教传入中原地区，并融入华夏文化的典型物证，是凝聚了中国古代劳动人民智慧结晶的标志性建筑。

【案例】《平行与相交》教学片段

出示情境图（图3-14）。

图3-14

（1）师：你们认识这个建筑吗？（做简单介绍）

师：其实如果用数学的眼光看这些物体，它们都是由直线和面组成的。

让学生观察后思考，找一找相交的直线和不相交的直线。

提问：观察大雁塔的每层有几条直线？每组直线都在同一个平面内吗？

（2）观察比较，理解同一平面。

教师让学生找出在同一平面内的两条直线和不在同一平面内的两条直线。通过观察，让学生明白这两种情况下的两条直线是否在同一个平面。

师：今天我们研究在同一平面内两条直线的位置关系。

（3）理解互相平行。

多媒体显示两条直线。

师：这是一组在同一平面内的两条直线，我们将它们延长。

（演示将两条直线延长，发现不会相交。）

师：像这样的两条直线，我们可以叫它们互相平行。

师：所以我们可以说同一平面内，不相交的两条直线互相平行。（板书）

找一找大雁塔中隐藏的平行线。

（4）理解平行线。

师：假如我们把一条直线叫作直线A，另一条直线叫作直线B，我们可以说"直线A是直线B的平行线"。也就是说其中的一条直线是另一条直线的平行线。（板书）

师：其实生活中处处都有数学问题，它们等待着我们去发现，希望同学们能做生活中的有心人，老师也希望大家在课后能利用今天所学的知识，创造一幅具有平行美的图画。

在建筑几何美中，建筑的整体和部分以某种统一的几何形式反映其共同的本质特征，这种"统一的几何形式"可视之为"全息胚"。历史上许多建筑都表达了"全息美"，如古罗马斗兽场的主要功能是观演，采用了圆的几何形式，在相同的周长中，圆形所能围成的面积最大；而就观看效果而言，圆形看台比较理想，圆的几何特征也构成了它的全息胚，如圆形甬道、放射形的筒形拱、圆拱券和圆形壁柱等。天坛的设计秉承了中国古代"天圆地方"的思想，其几何空间、形式、装饰等表现都因为具有了圆形的几何特征而得到了统一（图3-15）。

图3-15

在《圆的认识》一课中，让学生观察天坛、圜丘图片，通过观察、操作等活动，认识圆及圆的特征；认识半径、直径，理解同一圆中直径与半径的关系，体验数学与日常生活的密切联系。

建筑上的整体美观与数学比例有着密切的关系。建筑只有数与形结合，才更具有神韵，数学赋予了建筑活力，同时它的美也被建筑表现得淋漓尽致。比例决定着建筑中个体、局部与整体的数学关系，因此比例是建筑的核心和灵魂。现代设计师最常使用黄金分割法构造适用性和艺术性统一的新颖建筑。和谐的比例与尺度是建筑结构呈现自然美的基本条件。

例如，在《美丽的黄金分割》一课中，通过三组美丽的建筑，一方面为研究黄金分割比提供了良好的素材，另一方面又从开课伊始就牢牢吸引了学生的眼球，激发了学生探究美之奥秘的欲望。

【案例】《美丽的黄金分割》教学片段

探索奥秘，发现黄金分割比。

（1）出示真假埃菲尔铁塔模型，引发认知冲突，引出探究方法。

师：现在市面上有这三种模型，你来帮我看看，哪一个模型是真的？

师：为什么这一个是真的呢？你觉得跟什么有关？

（生：可能跟上下的高度有一定的关系。）

师：看来埃菲尔铁塔设计成这样，与上塔部分和整个高度是有一定的关系的，到底有什么关系呢？我们用比的知识来研究一下（图3-16）。

图3-16

（2）初步感知0.618。

师：这是埃菲尔铁塔的真实数据，请你写出它的上部分和整个塔的高度比，它的下部分与上部分的比呢？（请一个学生在黑板写板书并汇报：200.3∶324，123.7∶200.3）现在请你计算出它们的比值，除不尽的保留三位小数。（学生使用计算器计算。）

师：观察比值，你发现了什么？

生：我发现比值都是0.618。

师：那么金字塔和帕特农神庙呢？猜一猜会是什么结果（图3-17）？

图3-17

师：怎么比值都接近0.618呢？0.618又是一个怎样的神奇数字？我们一起来了解一下。

播放介绍"黄金分割比"的视频，理解概念。

师：我们再来理解一下黄金分割。（在黑板上绘制黄金分割的线段，介绍黄金分割的概念，并指出黄金分割点，同时结合课件的演示，再次强调黄金分割比的概念。）像这样，较短部分和较长部分的比与较长部分和整个长度的比都近似等于0.618，这样的比就叫黄金分割比。

师：现在请同学们拿出学具里的3号黄金分割尺。你能找到黄金分割点吗？这里面存在哪些黄金分割比呢？请你说一说。

师：看来大家已经了解了黄金分割的概念。想不想知道这个尺子怎么用？

介绍黄金分割尺的使用方法。

师：可以将3号黄金分割尺的两端分别对准东方明珠电视塔的顶端和底座，上球体正好在电视塔的黄金分割点上。这样我们就可以发现，塔的上部分和下部分成黄金分割，设计师把上球体放置在塔身的黄金分割处，可以使整个建筑看上去和谐美观。

【设计意图】

人的认知有演绎与归纳、推理两个不同的过程。通过计算3个较短和较长部分的比，学生经过猜想、验证、发现、计算后自主归纳得出0.618这个特殊数值，进而通过视频的播放，对黄金分割比进行介绍，从而回到三个著名的艺术作品中帮助学生理解概念，巩固基础知识。同时，介绍黄金分割尺的使用方法，为下面的寻找活动作铺垫。

数学和建筑不但具有数学美、建筑美，而且具有意境美和文学美。建筑只有数与形结合，才更具有神韵，数学赋予了建筑活力，同时它的美也被建筑表现得淋漓尽致。在小学数学课堂上，引入中外著名建筑，创设教学情境，不仅可以让学生更好地学习数学知识，而且可以让学生感受到古今中外的建筑艺术中处处蕴含着数学之美！

（本章所有图片均来自网络）

第四章 4

评价

第一节　概　述

　　教育评价是教育教学中一项极其重要的活动，它不仅是教育教学工作能顺利开展的保障，更是推进教育教学工作继续向前发展的支撑。在实践中，教育评价常常成为教育教学结论、反思的依据，同时也成为众人瞩目的焦点而备受关注、重视。

一、含义

　　广义的评价是指对一件事或人进行判断、分析后的结论。

　　国内外学者对教育评价概念的理解有以下观点：

　　（1）认为教育评价就是衡量教育目标在现实中实现程度的过程，以泰勒为代表。他提出："评价过程在本质上是确定课程和课程标准在实际上实现教育目标程度的过程。"我国台湾学者李聪明教授给教育评价的界定是："利用所有可行的评价技术评量教育所期望的一切效果。"

　　（2）认为教育评价就是为教育决策提供信息和依据的过程，以克龙巴赫为代表。他提出："教育评价是一个收集和报告对课程研制有指导意义的信息的过程。"

　　（3）认为教育评价就是对教育现象进行描述和价值判断，以斯克里文和豪斯为代表。他们将教育评价定义为："评价是一种对优缺点和价值的评估，是一种既有描述也有判断的活动。"

　　（4）认为教育评价就是对教育目标和它的优缺点与价值判断的系统调查，以美国教育评价标准联合委员会为代表。其认为："教育评价是对教育目标和它的优缺点与价值判断的系统调查，是为教育决策提供依据的过程。"

　　我国关于新课堂改革的评价理念，在《基础教育课程改革纲要（试行）》中有明确的表述："建立促进学生全面发展的评价体系。评价不仅要关注学生的学业成绩，而且要发现和发展学生多方面的潜能，了解学生发展中的需求，帮助学生认识自我，建立自信。发挥评价的教育功能，促进学生在原有水平上的发展；建立促进教师不断提高的评价体系。强调教师对自己教学行为的分析与反思，建立以教师自评为主，校长、教师、学生、家长共同参与的评价制度，使教师从多种渠道获得信息，不断提高教学水平；建立促进课程不断发展的评价体系。周期性地对学校课程执行的情况、课程实施中的问题进行分析评估，调整课程内容、改进教学管理，形成课程不断革新的机制。"

　　综合上述这些界定并结合我国现阶段教育评价改革的实际，我们可以对评价理念做以下阐释和理解：教育评价是指在一定教育价值观的指导下，依据确立的教育目标，通过使用一定的技术和方法，对所实施的各种教育活动、教育过程和教育结果进行科学判定的过程。评估和测评的结果对课堂教学的良好改进提供了至关重要的反馈，其所有努力的目标都是帮助学生、教师、课堂做得更好。

二、历史与发展

（一）中国教育评价体系的产生与发展

1. 古代教育评价（从产生到1905年）

　　（1）西周的选士制度。西周的选士制度是世界上最早的评价选拔人才的制度，具有严格的规定和章程，它为中国古代的教育评价及选士制度的发展奠定了基础。

　　（2）两汉察举制。西汉察举制的建立标志着中国古代选士制度进入了一个新的时期。教育评价的重要方式——考试就是在察举制中诞生的。察举制开考试制度之先河，开辟了我国古代教育评价的新纪元。

　　（3）魏晋南北朝的九品中正制。自汉代创立察举制以后，人才选拔制度已初具规模，但察举制重在考察，对德行难有客观准则。魏文帝采纳尚书令陈群的建议，实行九品中正制。九品中正制以"唯才是举"宗旨问世。

　　（4）隋唐及以后的科举制度。产生于隋唐，发展于唐朝的科举制，是我国封建社会中持续最长、影响最广的选士制度。科举制主要依据考试成绩来选拔人才，其选拔方式以考试为主、举荐为辅。应该说，科举制对封建社会的发展产生了重大的影响，它作为一种选士制度是具有合理性和划时代意义的。

2. 近代教育评价（1905年至1949年）

虽然中国古代的教育评价走在世界的前列，但这种优势却未能在20世纪随着西方教育测量和评价运动的蓬勃发展而率先发展起来。1905年我国废止已然承袭了1300年的科举制度，在此阶段我国教育测量的活动相当活跃，呈现了多种体制的多元化格局。然而这一局面却因1937年7月日本开始的帝国主义的侵略戛然而止，这直接导致我国教育评价的发展不能与世界同步或是走在前列。

3. 现代教育评价（1949年至今）

中华人民共和国成立后，我国的教育评价研究主要借鉴了苏联的教育模式——以五级分制为核心的苏式成绩考评法。"文化大革命"时期，我国教育评价活动基本处于停滞不前的状态。直到1977年恢复高考，我国的教育评价实践和理论研究才逐步迈向单一化的学生评定阶段。

20世纪80年代中后期，我国教育评价理论研究开始呈现蓬勃发展的势头。1990年10月31日，国家教委发布了《普通高等学校教育评估暂行规定》，这是中华人民共和国成立以来第一个关于教育评价的行政法规性专门文件，它的发布标志着我国教育评价的理论和实践工作走向了规范化与制度化。1993年2月，中共中央国务院颁布了《中国教育改革和发展纲要》（以下简称《纲要》），《纲要》明确指出"建立各级各类教育的质量标准和评估指标体系"。此《刚要》的推出进一步推动了我国教育评价的理论研究和实践活动向纵深方向的发展。

20世纪90年代末至21世纪初，我国的教育评价在国外教育思潮和评价理论的影响下，逐步踏上了改革之路。纵观我国自20世纪80年代开始的教育评价研究和实践，其中最突出的特点是起步晚但发展迅猛。教育评价在我国仅有20余年的发展历程，还需要进一步深化、完善，创建出有中国特色的教育评价理论体系与实践形态。

（二）西方教育评价体系的产生与发展

教育评价的思想基础虽发生在中国，但是将教育评价以科学的概念提出的却是美国。从西方教育评价的产生与发展来看，其经历了四个阶段。

1. 第一代评价——"测验和测量"的起步时期（19世纪末至20世纪30年代）

1702年，英国剑桥大学首先以笔试代替口试，开西方学校笔试之先河。

1845年，美国教育家贺拉斯·曼（Horace Mann）在波士顿文法学校首次引进笔试，笔试很快得到推广和发展。可以说从口试迈入笔试是将评价以客观、科学、严谨的态度向前发展的第一步。

1864年，英国学者费舍尔（G. Fisher）编制成《量表集》。这也是第一个根据一定的价值程度进行评分的标准尺度表或量表。

1895年至1905年，美国的莱斯（J. M. Rice）博士编制了算术、拼音、语言等测验。

1904年，桑代克（E. L. Thorndike）发表《心理与社会测验学导论》（*An Introduction to the Theory of Mentaland Social Measurement*），提出"凡是存在的东西都有数量，凡有数量的都可测量"的理念。

1908年，斯顿（C. W. Rtone）编制出"数学标准学力检测"。

1909年，桑代克发表了他的书法量表。

1920年前后，美国的麦柯尔（W. A. McCall）发明了T·B·C·F制。

在智力测验上，1905年法国的比奈（A. Binet）与西蒙（T. Simon）提出《比奈-西蒙智力量表》。

1916年，美国斯坦福大学教授推孟（L. M. Terman）在《比奈-西蒙智力量表》的基础上提出了《斯坦福-比奈智力量表》。

在人格测验方面，1921年华纳德（G. G. Fernald）做了第一次人格测试。

1924年至1929年，哈之恩（H. Hartshorne）与梅氏（M. May）等组织了人格教育委员会。

在此期间，测量等同于评价。

2. 第二代评价——"描述"的探索时期（1930年至1957年前后）

1933年至1941年期间，由美国进步教育协会（Progressive Education Association）发起，泰勒主持的有关课程与评价的"八年研究"开始实施。

1942年，"史密斯-泰勒"报告正式提出了教育评价的概念。泰勒提出了以目标为中心的评价思想，主旨就是通过具体的行为变化来判断教育目标实现的程度，目标的制定是关键，这也成了一个以"描述"为标志的评价时代。在此后的30年里，泰勒模式在西方国家教育评价领域一直占据着主导地位。

1956年，美国心理学家布卢姆（B. S. Bloom）发布了《教育目标分类学——认知领域》，稍后克拉斯沃尔（D. R. Krathwohl）等人又建立了较为系统完善的教育目标分类体系。

在此，评价不等于考试、测验，尽管考试、测验是评价的一部分，但都能充分说明评价已经逐步正规、科学。

3. 第三代评价——"判断"的发展时期（1958年至1972年前后）

19世纪50年代后期，泰勒模式遭到质疑，各种新的评价思想和模式纷纷涌现。

1963年，格拉泽（R. Glaser）指出，教育评价必须重视目标评价，也就是绝对评价。同年克龙巴赫也提出不能根据竞争的成绩做判断，应该把评价作为一个收集和报告对课程研制有指导意义的信息的过程。

1966年，斯塔弗尔比姆提出CIPP评价模式。

1967年，斯克里文提出目标游离模式（goal-free）。

1967年，斯塔克（R. E. Stake）发表重要论文《评价的面貌》，论文肯定了判断是评价的两个基本活动之一（另一个活动是描述）。

这些评价模式的涌现打破了泰勒模式一统天下的局面。

4. 第四代评价——"心理建构"的成型时期（1973年至今）

20世纪70年代以来，教育改革全面推行，教育评价也进入了专业化阶段，在此期间强调"心理建构"的过程。

1973年，斯塔克提出应答模式。

1989年，古巴（E. G. Guba）与林肯（Y. S. Lincoln）提出"第四代教育评价"理论，以回应—协商—共识为主线，其主张一种民主的评价精神。

（三）目的、功能与意义

1. 教育评价的目的

为了满足生存的需要以及谋求生活质量的不断提高，我们进行的大多数活动都是带有某种目的的。教育评价作为教育领域中的一项重要活动，当然也不例外。所谓教育评价的目的就是人们在进行评价活动之前，预期结果。

可以说所有教育评价都是服务于教育目的的，所以也可以说教育目的是教育评价的根本依据。

总的来说教育评价具有以下几个方面的目的：

（1）使评价和测评与教育目标一致的目的。

（2）促进学生有效学习的目的。

（3）加强管理的目的。

（4）推动教育研究改革与发展的目的。

（5）防止评价走样的目的。

（6）全方面提高教师教学等能力的目的。

（7）改进课堂实践的目的。

明晰教育目的并适当地使用不同评价和测试手段，对教育评价的进一步开展有着至关重要的影响。

2. 教育评价的功能

（1）鉴定功能。教育评价的鉴定功能是指教育评价认定、判断评价对象合格与否、优劣程度、水平高低等实际价值的功效和能力。通过评价，人们可以区别、鉴定对象的某些方面或各方面的情况，衡量其是否达到了应有的标准，并为他们评定相应的等级，这在教育发展中发挥了积极的促进作用。鉴定功能是教育评价的基本功能，其他功能是在科学鉴定的基础上实现的，"只有认识对象才能改变对象"。

（2）导向功能。教育评价的导向功能是指教育评价本身所具有的引导评价对象朝着理想目标前进的功效和能力。这样就能有效促进被评价者不断地接近目标。而评价目标是由目标制定者根据社会需要而制定的，所以评价的导向作用是一种社会导向作用。

（3）激励功能。教育评价的激励功能是指合理有效地运用教育评价，能够激发和维持评价对象的内在动力，调动被评价者的内部潜力，提高其工作的积极性和创造性，从而达到教育管理的目的。由于评价结论往往直接影响评价对象，因而能激发其成就动机，激发他们追求更高层次的评价结果，帮助其发现自己的不足，并为其寻找努力的方向和目标。

（4）诊断功能。教育评价的诊断功能是指教育评价对教育的成效、矛盾和问题做出判断的功效和能力。评价作为一种反馈也就是矫正系统，能够帮助评价对象发现其所存在的各种缺陷与问题，帮助其弄清、查明影响效果的各种因素，为其提供诊断性咨询服务。教育评价的过程如同看病就医一样，只有经过科学的诊断才能"对症下药"。

（5）调节功能（改进功能）。教育评价的调节功能是指教育评价对评价对象的教育教学或学习等活动，进行调节的功效和能力，为有效指导和改进提供可靠的依据，从而"对症下药"。

（6）监督功能。教育评价的监督功能是指教育评价对被评价对象发起检查、督促的功效和能力。

（7）管理功能。教育评价的管理功能是指教育评价使评价对象顺利完成预期任务、达到预期目的的约束功效和能力。

（8）教育功能（育人功能）。教育评价的教育功能是指教育评价本身所具有的影响评价对象的思想、思维等的功效和能力。

3. 教育评价的意义

教育评价是教育活动中不可或缺的一部分，只要有教育活动存在就一定有教育评价。因此我们可以说教育评价是教育活动的重要组成部分；是教育科学研究的重要内容；是促进教育改革的重要发展举措；是全面提高教育质量的重要手段。

在教育评价的过程中我们还要注意衡量标准：

（1）评价内容、对象尽可能重要、全面。

（2）评价方法与手段尽可能是科学、可行、合理的。

（3）评价应尽可能以公正、客观为准则。

（4）评价应尽可能起到积极、促进作用。

以传统的教育评价为切入点来总结，现阶段的评价应尽可能防止评价指标不够科学、严谨；防止评价标准过于单一化、片面化；防止评价目的、功能过于极端化。

第二节　评价方式

新课改理念要求教师注重对学生的情感态度与价值观等方面进行全面综合评价。评价的目的在于让学生清楚地知道自己在参与学习的过程中取得的成绩以及认知的程度、行为的对错，从而激发学生的学习兴趣，培养他们勇于探索、勇于创新的精神。因为学生获得知识的过程是在积极、快乐、富有创造性、独立思考的前提下完成的，所以进行评价时，教师要为学生创造良好的学习氛围，提供进行思考的独立空间。

一、按评价目的分类

评价方式按评价目的分为诊断性评价、形成性评价和终结性评价。

（一）诊断性评价

诊断性评价又称准备性评价，在教育、教学或学习计划实施的前期阶段进行，重在对学生已形成的知识、能力、情感等发展状况做出合理的评价，为教学计划的有效实施提供可能的信息资源。教师通过这种预测可以了解学生的知识基础和准备状况，以判断他们是否具备实现当前教学目标所要求的条件，为实现因材施教提供依据。

布卢姆认为："评价作为一种反馈——矫正系统，用在教学过程中的每一步骤上，判断该过程是否有效；如果无效，必须及时采取变革，以确保过程的有效性。"这里所述"每一步骤上的判断"并提出"必须及时采取变革"，指的应该就是我们所说的"诊断性评价"。

数学教学与建筑艺术的融合对学生学习起的作用是非常明显的，但作为一种比较新颖的学习实践，在教学开始之前，针对学生进行"摸底"对于顺利地开展教学是一件非常必要的事情。

你喜欢数学吗？［单选题（图4-1）］

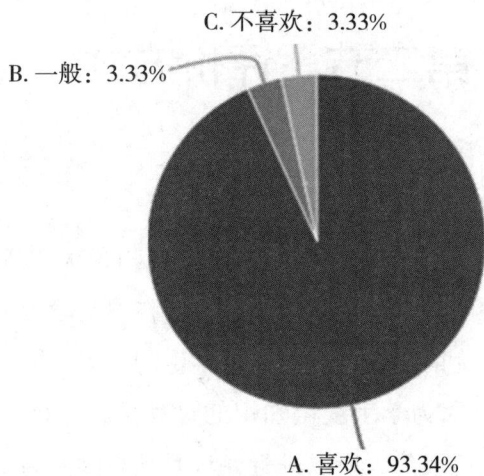

图4-1

你了解建筑相关的知识吗？［单选题（图4-2）］

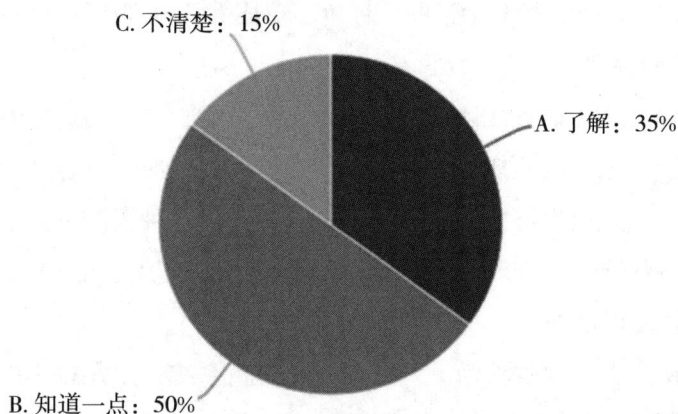

图4-2

【数据分析】

只有35%的学生觉得自己是了解建筑的，大部分学生都是知道一点甚至是不了解的。所以在一个课程开始之前，要确认学生是否掌握鉴赏一定建筑艺术的技能，确认学生现有掌握水平，确认源于教学方式的特点而造成的学生分类问题，确认影响不同类型学生继续学习的因素。对于学生来说，提前接触也是非常有必要的，有助于学生提前关注学习和适应教学。

1. 教学过程中诊断性评价的步骤

（1）收集相关信息。在课前通过访谈、调查问卷等各种方法获取相关信息，如在课堂上若要引用故宫这一建筑元素，可在课前对学生进行谈话形式的调查，看看学生对于故宫的了解程度。

（2）评价相关信息。对收集的信息，首先要评估其价值，如在了解学生对故宫这一元素的掌握程度时，教师对学生的回答进行评估，判断这些信息明确的指向性，然后一一辨别它反映的是正常还是异常。若属异常，则还要再进一步对这些异常的信息进行评价，如这些信息是来源于大部分学生，抑或仅是个别学生掌握，这些信息的真实性和准确性如何，等等。

（3）做出诊断。在评价相关信息的基础上进行分析、综合、推理，然后做出诊断，如对学生进行调查了解后，教师对学生的学习水平所做出的判断。

2. 教学过程中诊断性评价的方法

（1）观察法。在教学过程中要随时对学生进行观察，从表情中掌握学生对教学内容的反应。

（2）问答法。课堂问答可以是集体问答，也可以是个别提问，从中诊断出全班或不同学生对有关内容的理解水平。

（3）对话法。以师生对话诊断学生对有关内容的理解水平。对话法要注意把话题集中在需要诊断的内容上，教师要对学生的发言内容进行分类，并对之进行归因。

（4）调查法。调查法最大的优点是可以在短时间内在某些方面上收集到相关信息。我们可以以问卷形式了解学生对教学内容的理解水平。例如，教师用数学与建筑融合的教学方式上《轴对称和平移》这一课，在备课前可用问卷调查的方式，看看学生对建筑的认识以及对建筑和数学融合这一种课程的看法。

将建筑与数学融合在一起的数学课你想上吗？ ［单选题（图4-3）］

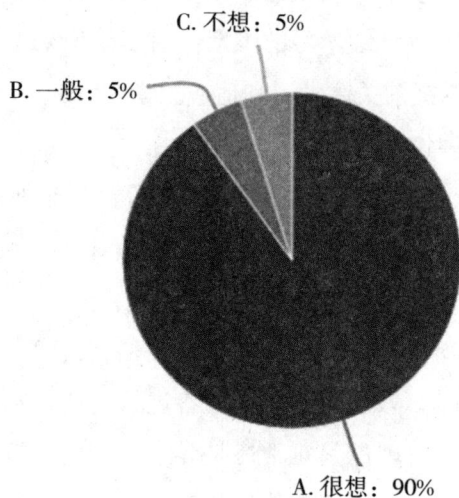

C. 不想：5%

B. 一般：5%

A. 很想：90%

图4-3

你知道轴对称、平移的相关知识吗？ ［单选题（图4-4）］

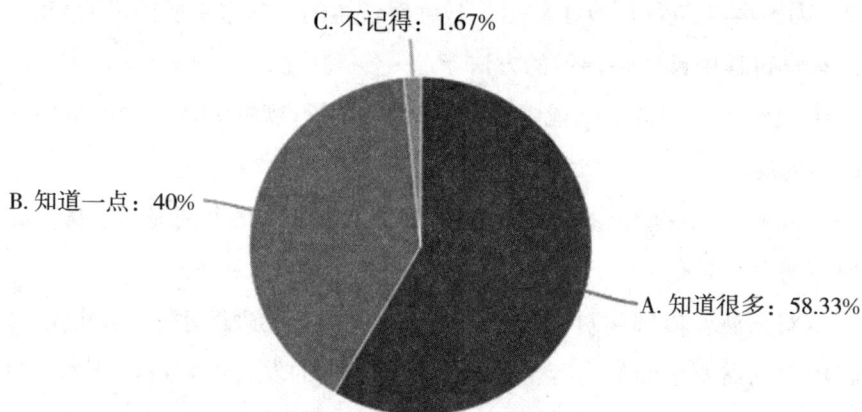

C. 不记得：1.67%

B. 知道一点：40%

A. 知道很多：58.33%

图4-4

从问卷的数据可以看出，大部分学生对于轴对称和平移的知识是了解的，甚至了解得比较多，缺乏对建筑知识的了解，所以教师在备课之前要先让学生学习建筑文化，并且要注意数学与建筑的有效融合，以收到良好的教学成效。

例如，教师想要上一节数学魔术的课，在备课前就要了解学生对魔术的认识度，以及学生比较喜欢哪种形式的数学魔术课堂。

你想让魔术以什么形式出现在你的数学课堂？ ［单选题（图4-5）］

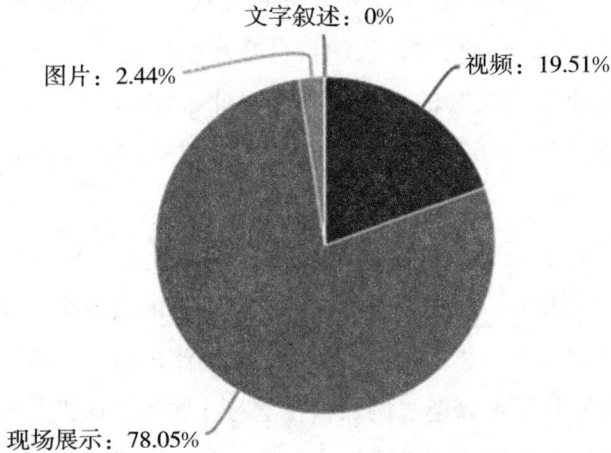

图4-5

数据显示，78.05%的学生希望魔术以现场展示的形式出现在课堂上，所以教师在备课时就要注意教学形式的改变。

（5）测验法。测验是为诊断服务的一种特殊手段，其题目必须具有较强的针对性。题目形式以客观题为宜，题型一般采用选择题、判断题、填充题。

（6）讨论法。以小组为单位围绕某一内容组织课堂讨论，可以更迅速地收集到相关信息，也为教师逐步形成诊断意见提供了足够的时间。

（二）形成性评价

形成性评价一般在教学和学习过程中进行，一般以学习内容的一个单元为评价点，及时反馈，并根据学生个体的差异进行有针对性、有效性的矫正。所谓形成性评价，是对学生日常学习过程中的表现，所取得的成绩以及所反映出的情感、态度、策略等方面的发展做出的评价，是基于对学生学习全过程的持续观察、记录、反思而做出的发展性评价。其目的是激励学生学习，帮助学生有效调控自己的学习过程，使学生获得成就感，增强自信心，培养合作精神。形成性评价使学生从被动接受评价转变成评价的主体和积极参与者。

形成性评价是一种双向的活动，不仅是对学生个人的评价，还有利于教师专业的发展。首先，教师在开展数学与建筑融合的课堂教学评价时，要重视形成性评价，积极观察学生的日常学习表现，了解每一名学生具体的学习情况，

141

看其是否接受这种新颖的课堂实践活动，以方便及时调整教学内容和方法，以满足每一名学生的数学学习需求，从而实现课堂教学整体性的进一步提高，保证课堂教学效率。其次，教师自身必须改变传统的教学观念，重视学生的主体性，尊重学生之间的个体差异，以此来实现"对症下药"、对症评价，促进学生数学学习兴趣的激发，促进小学数学与建筑融合课堂教学效率的有效提高。

形成性评价对于提高学生的学习兴趣有很大帮助，教师在评价过程中也应具备充分的教育机智。首先，教师在形成性评价的过程中，要创造条件，给予学生表现自己的机会，并及时肯定学生点点滴滴的进步，以不断激发其好奇心和上进心，激发其学习兴趣。例如，在学习《比例的认识》时，由于故宫构造繁杂，有一部分学生可能不能很好地接受、掌握课堂知识，对于比例的认识不够清晰透彻，这时教师可以先肯定学生的努力，再指出学生的问题，引导学生或者组织小组聚焦重点、突破难点等。其次，教师要制定差异性评价教学目标。也就是说，教师要结合学生的具体情况进行分层教学，并就其最近的学习情况设定相关的教学目标，以满足不同层次学生的学习需求。同时调整教学内容分层次进行评价，对于优等生、中等生以及后进生，针对其学习能力，提出不同的教学要求并进行有针对性的评价（图4-6）。

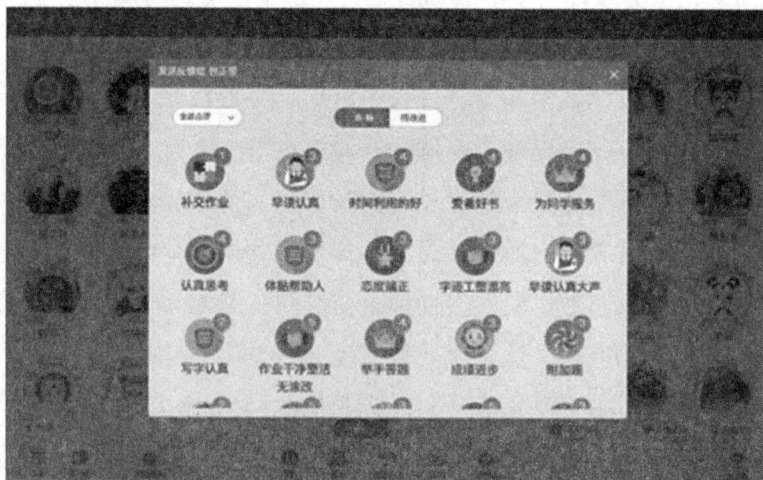

图4-6

教师在日常教学管理中，可以利用"班级优化大师"这个软件对学生平时的表现做实时评价（图4-7）。

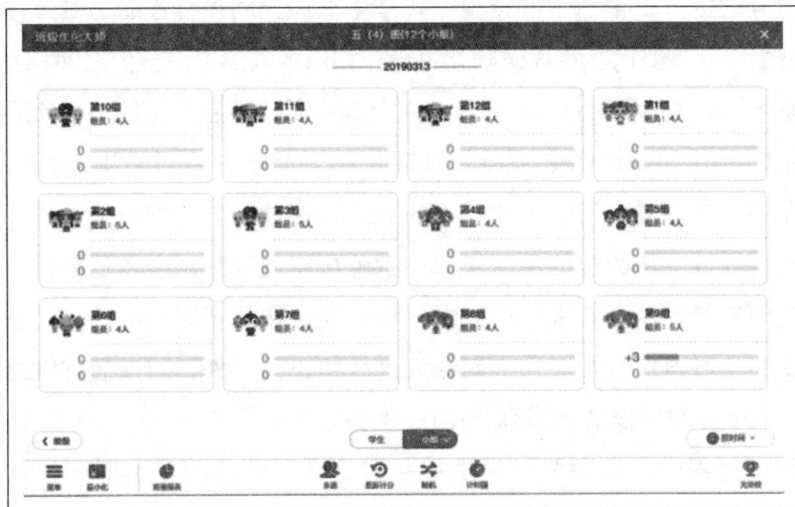

图4-7

班级优化大师通过加减分、随机抽选进行角色升级，配合游戏化的规则、界面及音效，激发学生的好胜心与创造力。每一节课后集中解决课堂氛围差、纪律难管理、学生注意力不集中等问题，也可抓住学生的每一个闪光点，建立奖惩制度，并把数据信息及时反馈给家长，家校合作，解决家校沟通难等现实问题，创建更积极的课堂。

为了方便教师了解学生的学习过程，调节教学过程，使教学任务顺利完成，形成性评价一般在教学过程中进行。在形成性评价中，教师的职责是确定任务、收集资料、与学生共同讨论、在讨论中渗透教师的指导作用，与学生共同评价。从学生方面来讲，形成性评价一般有学生自评、学生互评两种形式。学生自评主要是学生对自己的学习方式方法、努力程度和学习效果以及它们之间的关系等的评价和认识。学生对自己学习过程的评价是形成学习责任感、形成个人独特有效的学习方法、提高学习能力的重要途径。例如，在学生进行自我评价的过程中，教师可从以下几个方面入手：上课是否认真听讲，参与课堂活动是否积极，对课堂引入的建筑是否了解，能否学以致用，是否培养及提高对自我评价的能力。学生互评是在教学过程中以学习小组为单位，依据评价标准，同伴之间对学习条件、过程及效果所做的评价。学生互评的成功和自评成功一样，需要教师提供榜样，展示优秀的互评范例。学生互评最重要的一点是要了解对方的学习，包括学习经验，让学生意识到同伴合作的力量及友好氛围在学习过程中的重要性。互评鼓励学生合作和向他人学习。学生之间相互讨论，可以消除他们的忧虑和困扰，吸取他人的优点，从而改善自身的不足和缺点。

学生的互评和自评都必须与教师评价结合起来。在对学生进行评价时，教师的作用一方面是提供学习和评价的方法，帮助学生自评；另一方面是直接对学生进行评价。从教师的角度来说，教师可以通过测试、作业分析、日常观察、调查问卷等多种形式进行形成性评价；通过作业布置和批改，了解学生的学习态度和学习习惯，并对其不当行为进行纠正。另外，通过经常性测试，直观明了的成绩分数可以适当提高学生的学习动力和兴趣。

在整个过程中，教师要与学生一起讨论学习的目的，定期评价学生的进步，抽查、自评和互评，仔细检查他们自定的改进目标，给学生提出反馈意见。教师的评价语应该具体、有针对性，评价应包括优点和缺点，师生、生生相互交流与探讨，从而找到更好的评价方法，使教学质量更优化。例如，在教学过程中，教师根据教学内容设计不同标志，及时鼓励学生，得到奖励的学生将自己设计的标志贴到黑板上，使学生都能看到自己的闪光点。学生一旦尝到了成功的喜悦，必然会激起学习的兴趣，重新找回失去的自信，从而让自己保持最佳的学习状态。

另外，在课堂上，教师还可以采用口头表扬、体态语言、奖惩制度等丰富多彩的评价方式。总之，形成性评价关注的是学生的学习过程，能够清楚地反映学生的学习情况，以帮助教师有针对性地调整教学策略，激发学生的学习兴趣，使学生树立学习自信，强化自我认识。所以，教师教学必须重视形成性评价的开展，以促进小学数学与建筑融合教学的不断完善和发展，提高学生的学习素养，促进学生的全面发展。

（三）终结性评价

终结性评价是在教学和学习后进行的，是对教学和学习全过程的检验，评估实现最终目标的程度，并对学生进行必要的区分，一般是在学期中和学期末进行。相较于其他两种评价，终结性评价测试的次数较少，概括水平也较高，测验内容和范围都要高于前两种的要求。

以下是在学生学习《比例的认识》后对其进行即时问卷调查得来的数据分析。

《比例的认识》学生问卷【1～3次结果对比】

本节课的故宫建筑模型是否让你对学习数学更感兴趣？ ［单选题（图4-8）］

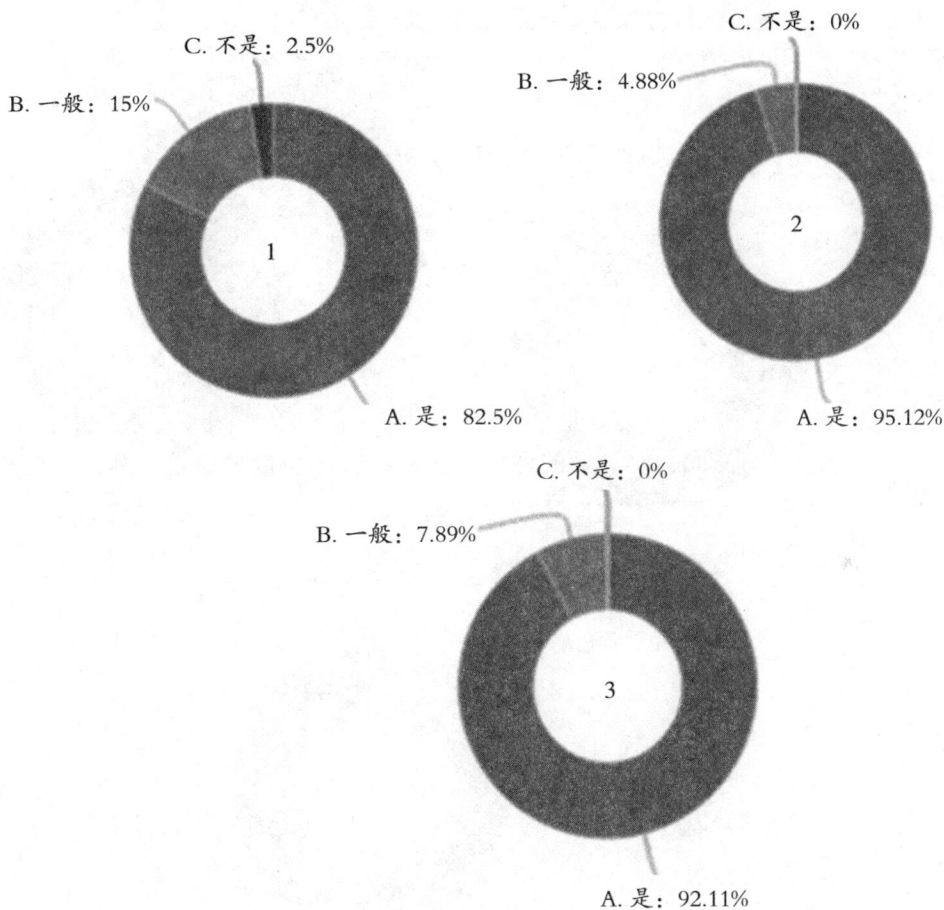

C. 不是：2.5%

B. 一般：15%

1

A. 是：82.5%

C. 不是：0%

B. 一般：4.88%

2

A. 是：95.12%

C. 不是：0%

B. 一般：7.89%

3

A. 是：92.11%

图4-8

这节课引入了著名的故宫建筑模型来教学。从这个数据可以看出，大部分学生很好地掌握了这节课的知识要点，说明这节课数学与建筑的融合度较高，学生在知识技能、情感态度的达成方面都有明显优势。另外，个别学生对故宫模型不熟悉或者不能很好地掌握本节课的知识内容，教师可进行一对一的了解和评价，因材施教。这是教师和学生共同面对的问题。各种评价方式不仅给学生，也给教师提供了教与学的信息。学生得到个人反馈，明确努力方向；教师得到个人反馈，以便改进教学，提供给学生更有意义、更有针对性的指导。家长也是教育评价的主体，家长是教育的直接参与者，也是教育结果的重要责任者，家长对学生、教师及整个教育都会有自己的价值判断。

通过比较故宫模型，你是否更轻松地掌握了本节课的知识内容？［单选题（图4-9）］

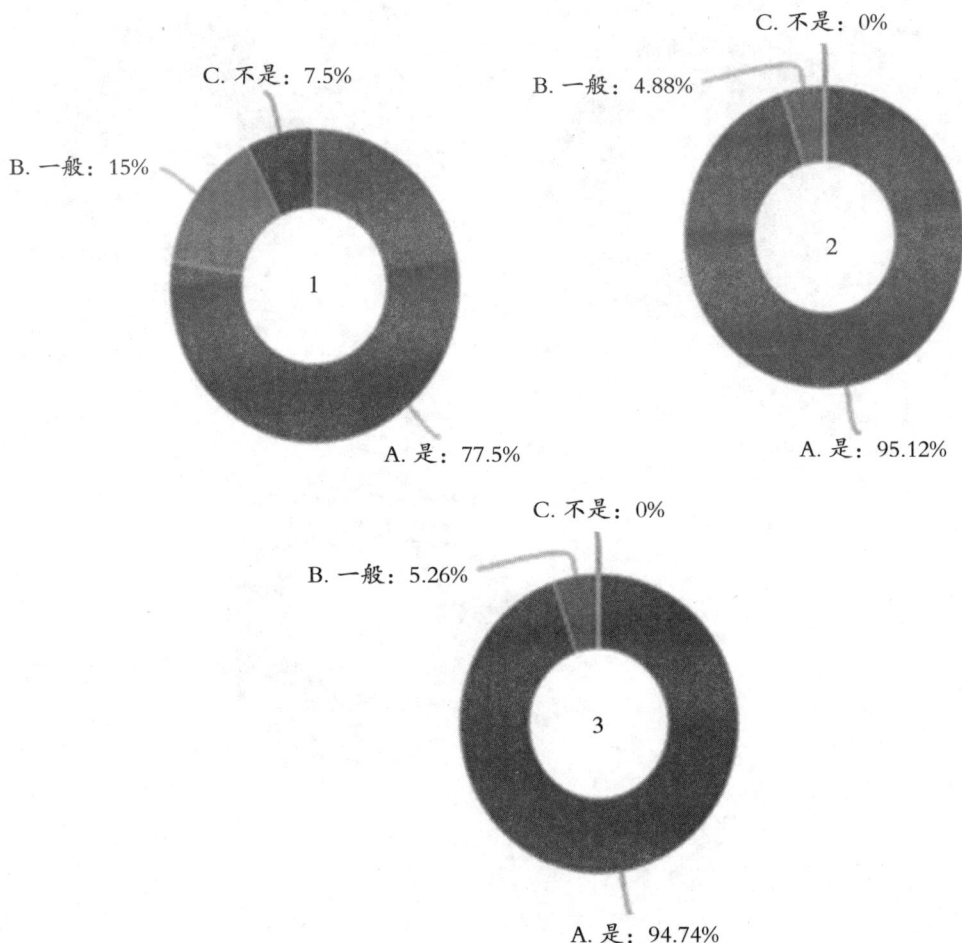

C. 不是：7.5%
B. 一般：15%
1
A. 是：77.5%

C. 不是：0%
B. 一般：4.88%
2
A. 是：95.12%

C. 不是：0%
B. 一般：5.26%
3
A. 是：94.74%

图4-9

终结性评价是在一门课程结束后对学生进行测试，以检验学生的学习成果和教师的教学效果。因此，终结性评价最关心的是教学是否达到了教学目标，同时可以研究不同学生达到的不同水准以及他们的相对地位。这就为教师开展以后的工作提供了大量的有效信息。例如，试卷反馈的信息可帮助教师了解学生对知识点掌握的不同程度。教师可以在接下来的教学活动中对教学内容和方法做适当的调整。在终结性评价过程中，教师可以通过测试、评卷来掌握学生普遍暴露的问题，以便更好地弥补不足和解决问题，改善自己的授课效果。由此可见，科学地利用终结性评价的反馈信息，教师可以更好地促进教学。

图4-10是教师在学期末，对学生一学期的整体表现的评价，通过具体的分数或者A、B、C等级的评价，学生可以及时认识自身不足，有则改之，无则加勉，调整学习状态，及时改正缺点，家长也可以及时、清晰地了解孩子在校的表现，家校及时沟通学生的问题，有利于学生的进步和发展。

查看学生评价结果 - 五年级(5)班 许□□(2014□□□)			✕
学科综合评定　素质综合评定　班主任评语　获奖记录　自我评价　家长评价			
语文学期评		语文期末	
语文平时		数学学期评	
数学期末		数学平时	
英语学期评		英语期末	
英语平时		音乐	
体育		美术	
科学学期评		科学期末	
科学平时		综合	
信息		道德与法治	
体操		足球	
书法			

图4-10

终结性评价以考试成绩作为最终的评判标准，这无疑在某种程度上强化了分数的作用。有些教师迫于社会、学校和家长对学生取得高分的要求，将教学过程与测试紧密地联系在一起，这就会导致一种唯考试是从的现象，即"考试考什么教师就教什么"，使原本生动有趣的数学与建筑融合的课堂变成了枯燥乏味的试题讲解课。所以，教师应把握强度，不能过度强化通过测试达到形成性总结这种方式的分数化。

为了克服终结性评价的诸多弊端，充分发挥这种评价方式的正能量，教师应在以下方面注意提出策略：

第一，考试内容要全面灵活。既要考查学生在知识、情感、价值观等方面的真实情况，又要体现试题的开放性，体现知识与学生现实生活的联系性，体现教师与学生的平等性。

第二，考试和其他评价方法一样，是为了促进学生的发展，因此，对考试的结果应加强分析指导，重在为学生提供发展性改进意见。尤其对于成绩较差的学生，应谆谆教导、循循善诱，学会关注他们的进步，发掘他们的闪光点，而不是放弃他们。

第三，改变将分数简单相加作为唯一录取标准的做法，应考虑学生综合素质的发展，建议参考其他评价结果（如学生平常的行为表现、动手能力等）。再以《比例的认识》为例，图4-9是在课程结束后对学生进行的问卷调查，调查数据显示，通过数学与建筑融合这种教学实践，学生的整体能力得到了提高，积极性和上进心提高了，数学学习能力变强了。

按照评价目的划分的三种评价类型，诊断性评价一般在课前，强调提前发现学生的不足和教学中可能存在的问题，以便及时改正。形成性评价一般发生在教学和学习的过程中，不管是常规的测试，还是日常的谈话，都可以作为其评价手段和方式，及时发现，随时解决，时效性强是其特点，对于教师的教学机智要求也比较高。终结性评价指的是在教学活动结束后为判断其效果而进行的评价，通俗地讲，就是指大家耳熟能详的考试。一个单元，一个模块，或一个学期的教学结束后对最终结果所进行的评价，都可以说是终结性评价。终结性评价是检测学生综合素质发展程度的重要途径，也是反映教学效果、学校办学质量的重要指标之一，也是对学生学习情况的阶段性总结分析。

二、按评价参照标准分类

按照评价参照标准的不同，可将教育评价分为相对评价、绝对评价和个体内差异评价。

（一）相对评价

相对评价又称常模参照标准评价，它所指的是这样一种教育评价：在某个大的团体中，如国家、地区、学校及班级，看这个团体的某一方面情况的平均值或平均表现，以此为基准来评价每个被评对象在这个团体中的相对位置。以正态分布的理论为基础，经过长期的发展，相对评价有其适用的测量和统计方法，并且实践证明相对评价有着较强的客观性，非常适用于选拔性考试。不过因为相对评价的标准是从评价对象群体内部而来的，因此它只适用于所选群体，而不适用于其他集体。例如，在某个班级中，可以找到一个标准给班里的所有学生找到他们对应的位置，但是其他班学生的相对位置就没有办法在这个标准下找到。在探究建筑与数学融合的课堂实践时，相对评价的作用主要是显示学生之间的比较，而不是考查教育目标是否达到。

相对评价所具有的优缺点和相对评价的标准与评价对象内部有关，这一关联也决定了其优点在于：第一，相对评价的测评范围为这个群体，相应的测评标准也是从这个群体中而来，凭借此标准进行评价，能更加准确地判断评价对象在群体中的位置和名次，从而能对评价对象做出比较准确、客观、公正的判断。第二，相对评价可以确定评价对象在组内的相对位置，以便评价对象个人了解自己的优缺点。相对评价有利于激发评价对象的竞争意识和进取精神，但也有其不可逾越的缺陷：第一，相对评价标准来自群体内部，没有客观标准，被评价为高水平的人可能没有真正达到高水平和高质量。它仅反映评估对象在一定范围内的相对水平。第二，相对评价是通过群体内部互相比较来实现的，因此总会有优胜者和失败者。若长时间采用这样的评价方式，容易形成不良的竞争环境，给评价对象带来心理负担，挫伤其自信心与积极性。因此，相对评价适用于以鉴别和选拔为目的的评价。一般大型的标准化考试、升学考试、心理测试以及各种竞赛性考试等属于此类评价。

根据评价的对象、评价的参照标准的不同，我们可以采用不同的评价方法。在进行相对评价时，可选用访谈法与问卷法。

1. 访谈法

根据结构的特点，访谈可分为三类：

第一类：封闭型访谈。研究人员在访谈的方向和步骤中发挥了主导作用，并根据他们自己预先设计的具有固定结构的统一问卷进行访谈。

第二类：开放型访谈。这种访谈在实地调查的早期使用得更多。

第三类：半开放型访谈。研究者对访谈的结构有一定的控制作用，同时允许受访者积极参与。此类访谈更多地用于教育研究的实地研究。

研究者事先备有一个粗线条的访谈提纲，根据研究设计对受访者提出问题，并依具体情况对访谈的程序和内容进行灵活调整。我们在进行研究时使用的具体访谈结构取决于研究问题和访谈内容以及研究时的具体情况。一般而言，在教育中进行的访谈大多是半开放型访谈。

访谈是一个过程，访谈者直接询问被访者并要求对方回答自己的问题。访谈者询问被访者的问题是最重要的，这直接决定访谈结果的有效性。从某种意义上说，问题是访谈的核心，问题不到位，整个访谈只能浪费时间和精力，不会在研究结果的最终呈现和研究问题的解决方面发挥重要作用。

一般而言，访谈中使用的大多为开放型问题、具体型问题和明确型问题。访谈的问题应该是由浅（开放的、简单的）到深（难度和复杂性增加）、由简入繁的。访谈时一般应从非指导性问题问起，并使访谈逐渐从开放型结构过渡到半开放型结构，逐渐引出重点关注问题。

我们可对参与了课堂的学生进行访谈，同时可对参与了听课的教师进行访谈，从多个角度多方位地评价不同教师上同一节课的效果，从中探讨建筑与数学融合给师生带来的直观感受及效果。

针对学生的访谈，可从情感、知识、能力等方面进行问题设计；而针对听课教师的访谈，则可从教学过程中授课教师的教学内容、教学方法手段、教学管理诸因素进行问题设计。

【访谈实例】

学生访谈：

在上课时让你印象深刻的事是什么呢？

你喜欢这样的课堂吗？具体喜欢哪些部分呢？

你觉得这节课的内容能让你记住多久呢？

你能复述一下学到的东西吗？

做相关内容的作业时你是胸有成竹的吗？遇到过什么问题吗？你是怎么解决的呢？

你欢迎该教师继续给你们上课吗？

听课教师访谈：

授课教师能把握教学关键点、突出重难点吗？你知道是什么吗？

该教师的课堂讲解是有条理的、清晰的吗？

课堂上师生双向交流的效果如何？能启发学生主动学习吗？

该教师关注学生的学习状况，给予学生学习方法的指导了吗？

本节课最大的亮点是什么？

你是否对于哪个部分产生了疑问？你有改进建议吗？

【结果分析】

考虑到小学生的语言组织能力，大部分学生无法清晰地、定性定量地描述一节课所学的知识，但从情感、内容掌握情况、意志等方面进行访谈设计，可根据学生的态度和回答判断出学生对该节课的喜爱程度、对知识点的掌握程度及对后续知识的好奇程度。

对听课教师的访谈则会更加清晰明了地反映出不同教师在上同一课程时的优缺点，可帮助授课教师更好地抓到痛处，进行反思修正，也有助于令建筑与数学融合的课程适用于更多教师。

从这两组访谈问题的设置来看，对于学生的访谈注重的是情感上是否愉快和自身自信是否建立，同时从侧面反映不同教师间的相对比较；对于听课教师的访谈更加注重的是职业视角下的相对评价，两组问题互为补充，为探索建筑与数学的更好融合提供了情感支撑。

同时，由于访谈需要的时间较久，我们也可采用问卷调查法对不同教师进行相对评价。

2. 问卷法

问卷中设置的相对评价问题主要是对不同的授课教师上同一节融合了建筑知识的数学课进行比较，评价不同的教师在同一套教学流程中的表现，从而探索其广泛适用性。

【问卷实例】

在北师大版小学数学六年级下册《比例的认识》一课中，教师通过故宫太和殿的模型，让学生理解比例的意义及掌握内项积与外项积的关系（图4-11）。

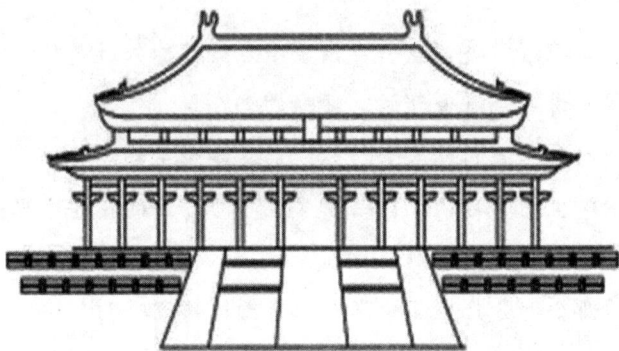

图4-11

六年级学生填写的问卷（部分）

本节课的故宫建筑模型是否让你对学习数学更感兴趣？〔单选题（图4-12）〕

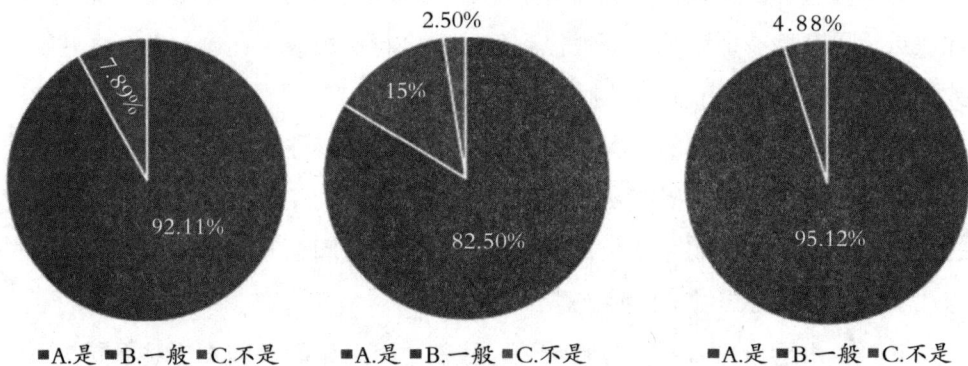

7.89%	2.50%	4.88%
92.11%	15%	95.12%
	82.50%	
■A.是 ■B.一般 ■C.不是	■A.是 ■B.一般 ■C.不是	■A.是 ■B.一般 ■C.不是

图4-12

【结果分析】

从三次数据结果可以看出，学生对融合了建筑元素的数学课堂是极为感兴趣的。

通过比较故宫模型，你是否更轻松地掌握了本节课的知识内容？［单选题（图4-13）］

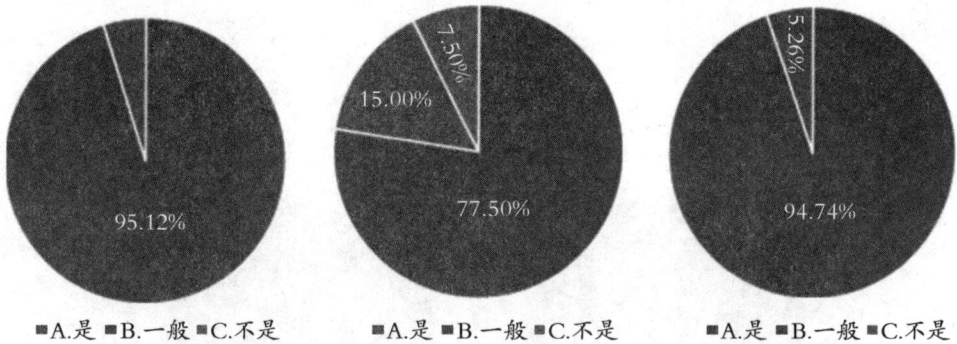

图4-13

【结果分析】

本题结果能较为清晰地说明：建筑教具的使用不仅让学生对数学课堂更感兴趣，对知识的掌握效率也提高了很多。

你更喜欢下面哪种建筑物出现在本节课中？［单选题（图4-14）］

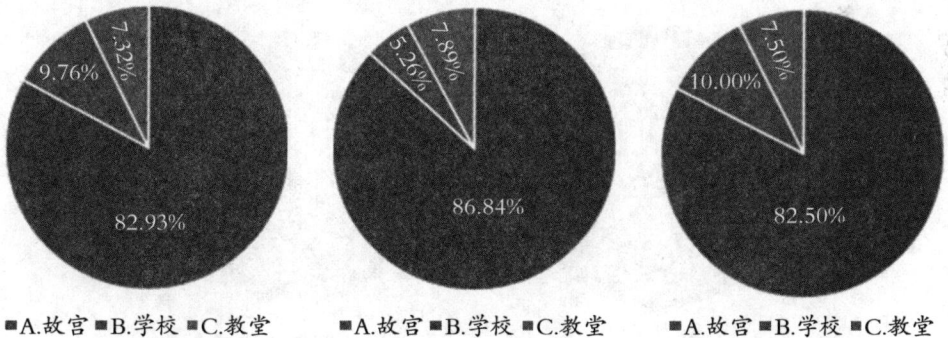

图4-14

本题数据可以从侧面显示出学生对本节课选材方向的喜爱程度还是很高的，另外也说明学生对建筑方面有一定的认识，这也为我们课程进一步的题材选取起到了很好的指引作用。

在北师大版小学数学一年级下册《认识图形》一课中，教师通过用积木搭城堡来让学生认识立体图形。

一年级听课教师填写的问卷（部分）

本节课中教学与建筑融合的效果怎样？［单选题（图4-15）］

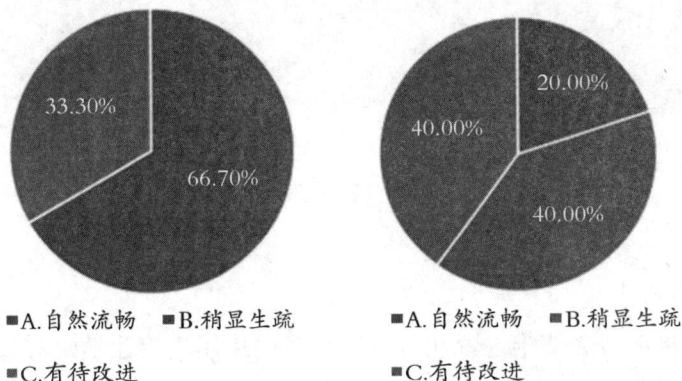

圆4-15

本节课中最欠缺的是什么？［单选题（图4-16）］

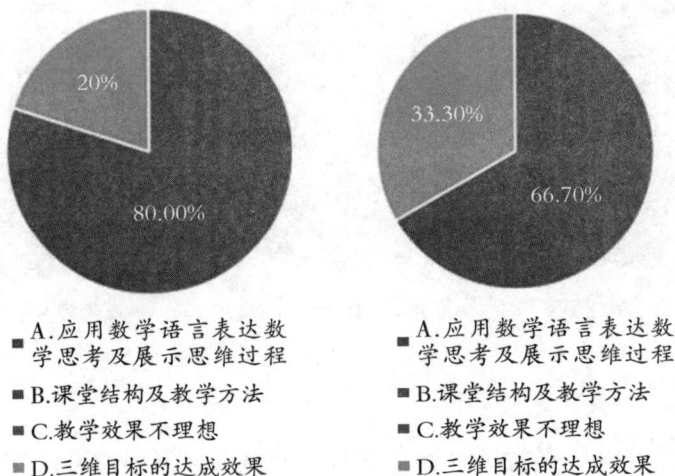

图4-16

【结果分析】

在数学中融合建筑元素的课程完成度较高，但要注意融合的方式和语言，使课堂更流畅。

可见，在进行相对评价时，需要找准评价方法。如果涉及对问题的控制、情境因素、教师自身的主导因素时，需要高超的教学技术，并非单纯地用数据说话。

（二）绝对评价

绝对评价是指在评价对象的集合外，选取某一预先设定好的、期待的参照标准，将评价对象与这个标准进行比较，判断其达到客观标准程度的评价，又称目标参照评价，也叫到达度评价。绝对评价关心的是评价对象是否到达了既定的参照标准及其达到程度。例如，在教学活动中，教师以是否达到课程标准的要求为评价标准进行评价，只要学生的学习结果达到课程标准的基本要求，即为合格。再如，对学校的办学条件、教师的基本素质，均以是否达到某种标准进行评价。

绝对评价的特点是评价标准与评价对象所在的群体无关，评价标准是独立于评价对象群体之外而相对客观的要求和尺度，如国家制定的中小学规范化办学条件、教育目标等方面的标准就可以作为评价的客观标准，它与学校实际的办学水平无关。绝对评价所具有的优点在于：其一，评价标准是客观的、可靠的，为评价对象提供了明确的目标，从而有助于提高工作、学习的积极性。其二，绝对评价是一个单向封闭系统，操作流程相对简单，结构紧凑，条件限制也较少，易为大多数人所接受、掌握和应用。但绝对评价也存在一定的局限性：其一，与相对评价相比，绝对评价标准的制定和确定更难一些，难以避免主观性，很难做到完全客观、公正、合理。其二，绝对评价要求评价对象所达到的目标与既定目标相比较，也就是说，只重视对成果的比较，而忽视输出、过程或其他非预期成果的评价，因此这种评价比较片面。其三，绝对评价用统一的标准去判定评价对象的目标达成度，从根本上说，这是不能为现代教育所接受的。因此绝对评价是用于达标的评价，如普及义务教育质量评价、"两基"攻坚评价等。

根据评价的对象、评价的参照标准的不同，我们可以采用不同的评价方法。在进行绝对评价时，可选用测验法与问卷法。

1. 测验法

按照测验的形式，测验法分为选择–反应测验和建构–反应测验（表现性测验）。选择–反应测验主要用于了解学生对知识和技能的掌握情况，可以通过课后小测，针对本课学习的内容进行评估性检测，以此来考查学生的具体情况。斯蒂金斯认为："表现性评价是指测量学习者运用先前所获得的知识解决新问题或完成特定任务能力的一系列尝试，具体来说就是运用真实的生活或模拟的评价练习来引发最初的反应，由高水平评定者按照一定的标准进行直接的观察、评判。其形式主要包括建构式反应题、书面报告、作文、演说、操作、实验、资料收集、作品展示。"也就是说，表现性测验需要教师在教学活动中设计一定的问题情境，通过分析学生的表现来检查学生综合运用所获知识解决实际问题的能力。真正的表现性评价必须具备三个特征：多重评估标准、具体明确的预定质量标准、主观的评估。

以六年级的《帕特农神庙》为例，学生对小学数学中的几何基本知识已经学习完毕，但在生活中的运用并不多，尤其在建筑方面对国外建筑比较陌生。该课内容为运用圆柱知识和比例制作帕特农神庙的模型，了解帕特农文化背景，感知建筑中数学的重要性。

首先是确定评价内容、评价主题和定义能力：主动探究不同比例尺下模型的大小，动手操作。

其次是设计任务和指导语：按照抽签得出的比例尺计算出缩小的帕特农神庙的建筑数据，算出数据后小组每一位同学都要动手制作2个圆柱，共完成16个。将完成的圆柱与底部、顶部结合组成完整的模型。

再次是制定评分规则：可从计算时长、操作时长、合作融洽度等方面进行等级评分。

最后是实施测验。

2. 问卷法

问卷中设置的绝对评价的问题主要考查该节课学生是否达到教师预设的教学目的，教师是否完成教学任务。

【问卷实例】

在北师大版小学数学一年级下册《认识图形》一课中，教师通过用积木搭城堡来让学生认识立体图形。

一年级学生填写的问卷（部分）

玩积木、搭城堡是否让你更轻松地认识了图形？［单选题（图4-17）］

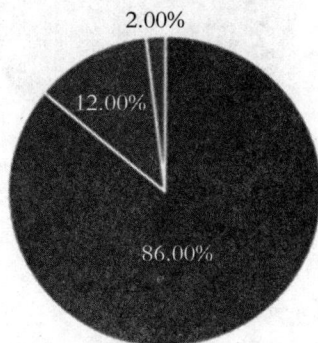

2.00%
12.00%
86.00%

■A.是 ■B.一般 ■C.不是

图4-17

通过本节课的学习，你能认出周边物体的形状吗？［单选题（图4-18）］

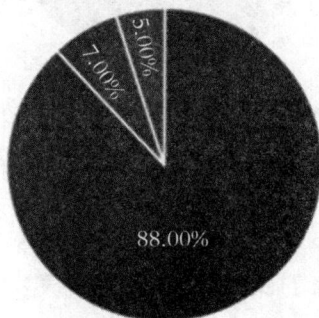

5.00%
7.00%
88.00%

■A.能 ■B.不确定 ■C.不能

图4-18

一年级老师填写的问卷（部分）

课堂教学中，教案落实达成效果。[单选题（图4-19）]

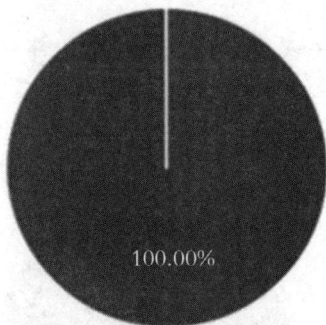

100.00%

■A.理想 ■B.一般 ■C.有待提高

图4-19

本节课对学生思维拓展的效果。[单选题（图4-20）]

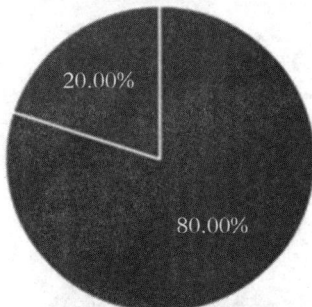

20.00%

80.00%

■A.理想 ■B.一般 ■C.有待提高

图4-20

【结果分析】

在数学中融合建筑元素的课程完成度较高，但要注意融合的方式和语言，使课堂更流畅。

在进行绝对评价时，需要设置好参照标准，考查学生及教师在这节课后各项指标的达成程度。

（三）个体内差异评价

个体内差异评价是把评价对象集合中各元素的过去和现在相比较，或者对一个元素的若干侧面进行相互比较。例如，一位曾经只会死记硬背数学公式的学生，经过几个月的学习后，现在能比较流利地解释公式的含义及原理，即使有些地方不是那么准确，我们也可以说他取得了很大的进步。我们再对这个学生的各方面数学能力进行考查，相比之下，发现他的计算能力更强一些，这种评价就是个体内差异评价。

个体内差异评价的特点是充分考虑个体间或个体内某些方面的差异，不会对评价对象产生压力，但也存在一些弊端：第一，由于个体内差异评价既不以客观标准为参照点，也不与其他评价对象进行比较，容易使评价对象产生自我满足而停滞不前。第二，个体内差异评价是一种没有标准的比较，其评价结果很难令人信服，所以个体内差异评价常常与其他评价结合起来使用。

在进行个体内差异评价时，可选用表现性测验法检验学生对知识点是否有更加深刻的理解，是否有进步；或可使用问卷法有针对性地对学生自身能力是否提高进行考查。

【问卷实例】

在北师大版小学数学六年级下册《比例的认识》一课中，教师通过故宫太和殿的模型让学生理解比例的意义及掌握内项积与外项积的关系。

六年级不同班别学生填写的问卷（部分）

通过本节课的学习，你能写出一个比例吗？ ［单选题（图4-21）］

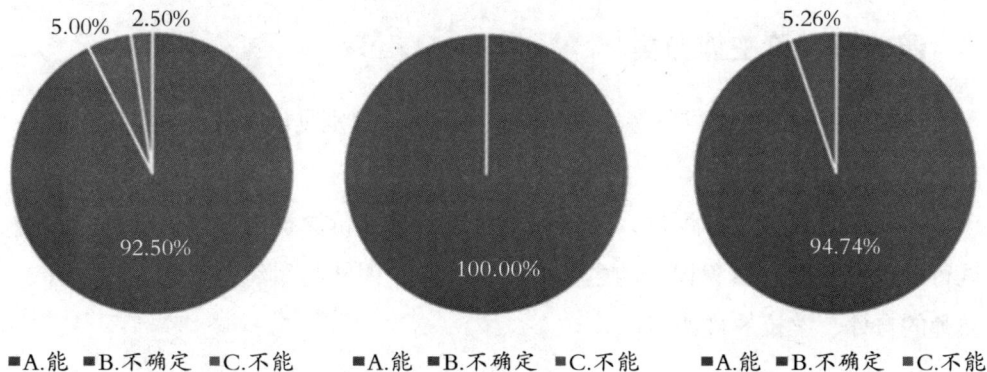

图4-21

【结果分析】

本题数据显示出学生在上过融合了建筑知识的数学课后，对知识的掌握较为扎实，也能用本节课所学知识解决生活中的实际问题。

在进行个体内差异评价时，需要注意这是个非常好的激励学生的方法，但由于不与他人比较，信度并不是很高，故更应与其他评价方法共同使用。

三、按评价涉及的范围分类

按照教育评价涉及范围的大小可以将其分为宏观、中观和微观教育评价。

（一）宏观教育评价

宏观教育评价是指对教育目标、结构、制度、决策、内容及教育的社会效益等的评价，宏观教育评价对教育活动的影响是总体性的，对教育活动范围的影响是全局性的，对教育发展的影响是战略性的，所以是宏观的教育评价。

（二）中观教育评价

中观教育评价主要是评价学校，如对学校的办学水平及条件、领导队伍、教师队伍状况等的评价，它的基本特点是以学校为评价单元。

（三）微观教育评价

在传统意义上，微观教育评价是指对教育活动的特定过程、个人以及特定目标的评价，如对学生的学业水平、身体健康、劳动技能、智力水平、思想品德、情感态度与价值观等的评价，它的基本特点是以具体的教育活动及教育活动的参与者为评价单元。

四、按评价主体分类

按照评价主体分类可以将教育评价分为两类，分别是他人评价与自我评价。

（一）自我评价

自我评价又称内部评价，是指评价对象依据评价原理对照评价标准对自身进行的价值判断。自我评价的主体可以是个人、团队与组织，如学生的自评、教师的自评、学校的自评等。

1. 一、二年级学生自我评价量表（表4-1）

表4-1

今天我最棒！（争取拿到5颗星星哦！）	
上课的我	我拿到的星星
上课有认真听讲	
告诉小伙伴我在想什么	
下课能与父母分享今天的收获	

2. 三至六年级学生自我评价量表（表4-2）

表4-2

每5颗星星为一个满格状态，亲爱的同学们，你得了几颗星星呢？		
评价内容	评价指标	星级
参与状态	认真思考、积极参与、乐于分享、畅所欲言	
思维状态	能多角度思考问题并表述所学，有自己的思考及创意	
生成状态	学习过程中有满足感，有挑战的成功感，对后续学习更有信心	

3. 企业微信平台学生素质评价中的自我评价（图4-22）

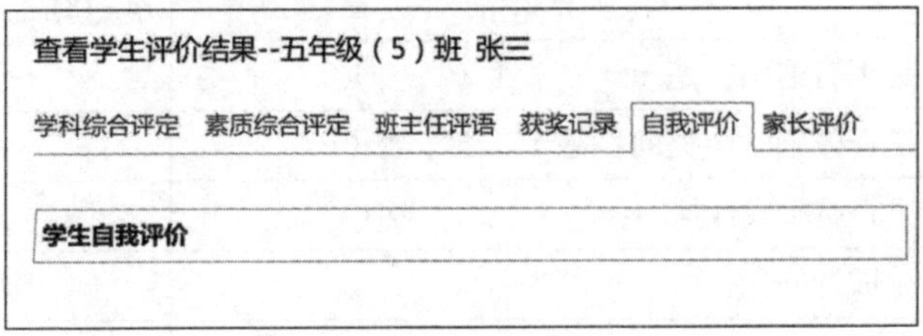

图4-22

下面简要分析一下自我评价的优缺点。

（1）时间不会限制自我评价法的实施，这种方法是简单易行的，在任何时间和任何地方都可以在目标要求的基础上定期进行自我评价，无论是教师还是学生。

（2）省时、省力、耗资较少。

（3）它可以连续运行很长时间，灵活。从评价对象自我提高、自我完善的角度来看，它有利于评价主体的角色内化，有助于评价主体形成良好的自我反馈习惯以不断调节自身行为和心理状态。其不足的是主观性过强，容易出现偏差，难以进行横向比较。

（二）他人评价

人们常说的社会评价、领导评价、同行评价、专家评价、行政评价等都属于他人评价，他人评价是指评价对象以外的人按照一定的标准对评价对象进行的价值判断。

1. 数学游戏课观察量表（表4–3～表4–5）

表4–3

序号		行为类别（教师行为）	
1	教态	亲和（　　）严肃（　　）	肢体动作得当（　　　）
2	语言	简洁（　　）幽默（　　）	富有情感（　　　） 稍有啰唆（　　　）
		是否有口头禅：是（　　）否（　　）	
3	讲解	持续时间（　　）	
4	提问	提问次数（　　）	导入时（　　）次
			新授/探究时（　　）次
			练习时（　　）次
		是否有追问：是（　　）否（　　　）	
		是否鼓励学生提问：是（　　）否（　　）	
		是否有生成性提问：是（　　）否（　　）	
		生成性问题：	
5	回答	提问前，先点名（　　）次	
		提问后，齐答（　　）次	
		提问后，举手回答（　　　）次	
		提问后，未举手者答（　　　）次	
		提问后，改问其他学生（　　　）次	
6	理答	打断学生回答，或自己答（　　　）次	
7		重复问题或学生答案（　　　）次	
		回答不理睬或消极批评（　　　）次	
8	表扬	表扬次数（　　）次	

表4-4

序号	行为类别（学生行为）			
1	独立思考	时长（　　）		
2	合作学习	小组内人数（　　）人		
		小组组成形式		同桌（　　）
				前后（　　）
				其他（　　）
		合作学习形式		小组讨论（　　）
				分组操作（　　）
				问题抢答（　　）
				辩论（　　）
		小组内分工是否明确：是（　　）否（　　）		
		是否每个人都有参与：是（　　）否（　　）		
		是否有操作材料：是（　　）否（　　）		
		合作学时时长（　　）		
3	问答	个人回答问题次数（　　）次		
		集体回答问题次数（　　）次		
		学生是否主动提问：是（　　）否（　　）		
		问题：		
		是否有其他同学的补充回答：是（　　）否（　　）		
		针对某个问题，学生是否有争辩：是（　　）否（　　）		

表4-5

序号	游戏设计评价			
1	目标评价	是否有助于教学重难点的突破：是（　　）否（　　）		
		是否有趣：是（　　）否（　　）		
		学生参与度是否高：是（　　）否（　　）		
2	游戏评价	游戏名称		
		游戏所在环节	导入（　　）探究（　　）练习（　　）	
		游戏时长		
		游戏参与广度	全体（　　）小组（　　）教师与个别学生（　　）	

续 表

序号		游戏设计评价	
2	游戏评价	游戏规则是否简洁明确：是（　　　）否（　　　）	
		是否有示范：是（　　　）否（　　　）	
		是否有游戏材料：是（　　　）否（　　　）	
		材料	
		游戏名称	
		游戏所在环节	导入（　　　）探究（　　　）练习（　　　）
		游戏时长	
		游戏参与广度	全体（　　　）小组（　　　）教师与个别学生（　　　）
		游戏规则是否简洁明确：是（　　　）否（　　　）	
		是否有示范：是（　　　）否（　　　）	
		是否有游戏材料：是（　　　）否（　　　）	
		材料	
		游戏名称	
		游戏所在环节	导入（　　　）探究（　　　）练习（　　　）
		游戏时长	
		游戏参与广度	全体（　　　）小组（　　　）教师与个别学生（　　　）
		游戏规则是否简洁明确：是（　　　）否（　　　）	
		是否有示范：是（　　　）否（　　　）	
		是否有游戏材料：是（　　　）否（　　　）	
		材料	
3	游戏总时长		

2. 企业微信平台学生素质评价中的家长评价（图4-23）

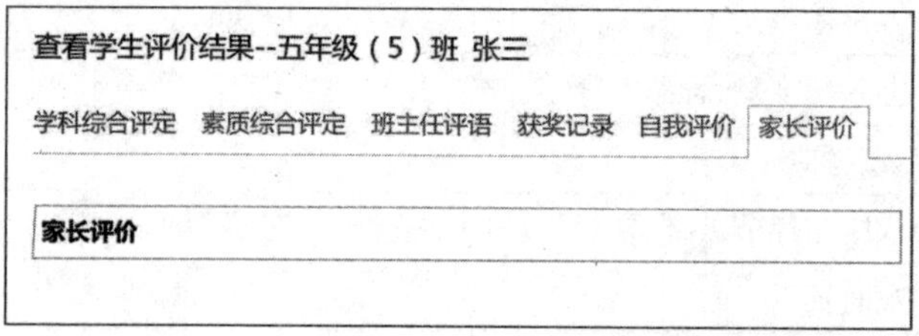

查看学生评价结果--五年级（5）班 张三

学科综合评定　素质综合评定　班主任评语　获奖记录　自我评价　家长评价

家长评价

图4-23

3. 企业微信平台学生素质评价中的班主任评价（图4-24）

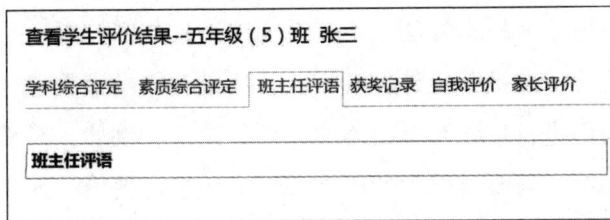

查看学生评价结果--五年级（5）班 张三

学科综合评定　素质综合评定　**班主任评语**　获奖记录　自我评价　家长评价

班主任评语

图4-24

下面简要分析一下他人评价的优缺点。

（1）它具有很强的客观性，因为这可以使人客观地从他人的角度审视同一事物。

（2）非常真实，因为不会像自我评价那样得到过高或过低的评价。

（3）要求非常严格，参与评价的人都会认清自己的身份和责任，不会马虎对待评价工作。

不过，在他人评价过程中也需要注意处理好以下一些问题：

（1）要端正评价的态度，即要树立正确的评价指导思想，学习教育教学的科学理论，遵循教育规律。此外，还要提高评价者的思想觉悟、政策水平、道德品质，力求使评价者认真、公正、负责、坚守原则、实事求是，要加强对评价者的专门培训。

（2）注意克服各种偏见。

（3）注意对评价对象的心理调控。

五、以评价方法为标准分类

以评价方法为标准，教育评价可以分为两大类，分别是定性评价和定量评价。评价标准可以是定量的，也可以是定性的，这要根据评价的具体情况而定。

（一）定量评价

定量评价是指在评价过程中运用数学方法去处理、分析信息，获得数量化评价结果的一种评价。定量评价的特点是侧重于对事物的量的评价，有客观的评价标准，获取的资料也较为客观。统计分析科学具有较高的客观性与可靠性，能使一些模糊的概念精确化，减少评价中的主观随意性。所以，在教育评价中，对能够进行量化的事物要尽可能量化，以提高评价的信度和效度。

教育评价中采用的教学方法主要有教育统计法与模糊数学法两种。教育统计法主要是描述统计与推断统计。模糊数学法是利用模糊数学理论对一些模糊事物的描述和操作进行量化，得出连续的评价结论。例如，对某个班级的语文学习状况进行评价，若要对学生的语文考试成绩进行评价，则要用推断统计的方法检验其平均分数与年级平均分数之间的差异，从而做出评价。而在对学生综合素质的评价中，由于每个学生的素质和能力体现在许多方面，仅考查少数几个方面难以体现学生的综合素质，因此，可以采用模糊数学法，即首先确定学生应该具备的基本素质，进而建立学生综合素质评价的数学模型，最后利用一定的计算工具来得出评价结果。

定量评价是教育教学中非常重要的一种评价方式。教师在教学活动中会多次使用到定量评价的方式来评价学生，如表现性测验。

表现性测验即是通常所说的表现性评价，两者只是说法不同而已。从形式上说，表现性评价不像选择-反应测验那样仅仅局限于书面表达，还包括演说、实验等更多口头和操作形式。大多数支持绩效评估的人认为，真正的绩效评价必须具有三个特征：多重评价标准；具体明确的预定质量标准；主观的评估。

菲茨帕特里克和莫里森指出："表现性测验与其他测验并不存在绝对的差别。"提倡表现性评价的主要原因在于选择-反应测验，侧重于考查学生的陈述性知识，不能有效地测评学生的程序性及策略性知识。另外，为了学生能够考出好成绩，教师大多将测验的内容作为教学重点。学生的测验成绩虽然提升了，但诸如独立思考、解决实际问题等方面的能力却没有增强。所以说，表现性测验实际上是对学生能力的一个定量分析。

和其他方法一样，实施表现性测验法也要遵循一定的步骤，主要围绕四项工作展开。为了使讨论过程更为清晰，这里以学生三分钟演讲为例来分析。

1. 确定评价内容

确定评价内容主要包括两个方面：一是评价主题。在课堂上组织学生进行三分钟演讲，评价主题可以确定为评价学生的公开演讲能力。二是定义能力及弄清楚想要评价的是哪一些能力。三分钟公开演讲测查的可以是口头语言表达能力、演讲技能和逻辑思维能力等。

2. 设计表现性任务和指导语

确定好评价内容之后，需要设计表现性任务，即学生在具体的情境中所需要完成的任务。我们可以按以下标准划分任务：

（1）根据任务的自由程度，分为限制性任务和开放性任务。限制性任务对表现的形式和方向、学生的行为反应都有明确的描述，一般用于考查学生的专门技能，如要求学生在限定时间内打印一封求职信等。开放性任务只是提出任务主题，对任务完成的过程和方法都没有明确的限定，学生可以自主地通过各种渠道收集信息，设计和实施方案，如要求学生自己创作一幅画等。

（2）根据任务表现力的表现形式，可分为纸任务、笔任务和非纸任务。以书面形式完成的纸、笔表现性任务，与传统测验的根本不同在于更强调用于解决实际问题，如让学生撰写读书报告等。非纸笔表现性任务是不用纸笔来完成表现，而是借助除了纸笔之外的其他工具，如演讲等。

（3）根据表现性任务情境的真实性可以划分为模拟性任务和真实性任务。模拟性任务是在教师创设的部分模拟和完全模拟的情境下完成，如模拟法庭等。真实性任务是在真实的情境中完成，如项目调查、课题研究等。而学生三分钟演讲，就是教师在课堂中设计的一个开放性的、非纸笔的模拟性表现性任务。

设计表现性任务时，需要注意的是：①与评价目标高度相关。②任务测查的内容是学生在以前的学习中接触过并得到关注的。③任务难度适宜并具有一定的挑战性。④力求设计一个能评价多种能力的任务。⑤学生能够通过多种方式解决问题。

设计指导语的目的主要是告诉学生应该做些什么、怎样做等问题，因此指导语要全面清楚和准确。例如，学生三分钟演讲的指导语是："在五分钟之后，你要在教师面前做一个自我命题的三分钟演讲，题目不限，可以是你熟悉的，或者从给定的题目当中选取一个。在演讲之前，你有五分钟的思考时间，确定你要演讲的题目。如果你觉得有必要，可以做些笔录，并在演讲中使用。备选题目是……"

3. 制定评分规则

一般来说，制定评分规则主要应考虑以下三个问题：①确定评分标准，这是制定评分规则时最重要的任务。评分标准是由用来反映学生表现质量的各种指标和指标等级范围组成的。例如，学生演讲时可确定三项主要指标，即语言、演讲姿势与声调、条理性，每一个具体指标都有一个5分的等级范围。②用准确的语言描述评分标准在质量上的差别，如评价学生演讲的语言表达时，如果"发生了语法和发音错误，词义不明，听众只能试着自己理解"，则可视具体程度定为2分。达到"语法和发音正确，选词生动适宜，解释了与演讲背景有关的新术语"时，则可定为5分。③确定评价类型。评分时可采取整体评分和分项评分两种方法。整体评分法速度较快，适用于较宏观地了解学生的表现情况，如判断学生总体的演讲水平。但是如果需要对学生演讲的语言表达水平做详细的分析和有针对性的反馈，分项评分表更为适宜。

下表展示的是一个较为完整的学生公开演讲评分规则（表4-6）。

表4-6

评分	语言	演讲姿势与声调	条理性
A=5	语法和发音正确，选词生动适宜，解释了与演讲背景有关的新术语	声音控制得很好，能激发听众的兴趣。音量和语速都适中，基本上保持着与听众的眼神交流	条理性很强，一点儿也没有离题。讲述了主要观点，很容易总结演讲的中心内容
B=4 C=3	语法与发音正确，选词适当、易懂。没有解释与演讲背景有关的新术语，对听众原有的知识基础要求较高	声调基本在控制之下，能够听到和理解演讲的内容，音量和语速都适中，基本上保持着与听众的眼神交流	条理性尚可，有些重要观点没有讲清楚。演讲者可能会不停地转换话题。但演讲中心思想能基本让人理解，能够对演讲内容进行小结
D=2 E=1	发生了语法和发音错误，词义不明，听众只能试着自己理解	语调失真，音量可能太低，语速可能太快，时不时有停顿，非语言行为会干扰信息的传达	没有逻辑顺序，观点之间联系不明显，学生在演讲中会离题，很难总结演讲中心内容

4. 实施测验

实施测验是表现性测验的实际操作阶段，这时必须处理好以下几个方面的问题：组织任务、调动积极性、初步指导、独立工作以及总结。

（1）组织任务。组织任务即告知学生表现性评价活动的目的、任务和要求，确认在活动开始之前他们就明白自己需要做些什么，需要完成怎样的成果，自己的表现将如何得到评价。另外，还可以帮助学生复习和回忆曾经学过的与任务相关的知识。例如，演讲之前就可以为学生复习一下有关演讲的知识和技能。

（2）调动积极性。调动积极性就是要激发学生的兴趣，提高他们的参与程度。

（3）初步指导。例如，在学生演讲之前教师就可以亲自演讲做示范，或者用信息技术展示一个演讲片段。

（4）独立工作。教师一方面要监控学生，另一方面要根据学生的情况及时提供反馈。例如，某位学生在演讲时出现停顿和语塞时，教师就可及时做出引导。

（5）总结。成绩测验的主要目的是利用已有的知识来评价学生解决问题的能力。因此，教师需要帮助学生总结所学知识，要在大的学习环境中解释他们的成就，而不是只关注眼前的任务。例如，在学生演讲结束后，教师对于某学生的评价就不能仅仅停留在一个具体的分数上，而是可以这样评价："该学生基本具有在公共场合中演讲的能力，但在演讲的条理方面尚有待提高。"

表现性测验作为定量分析常用的方法，其具有非常明显的优缺点。

表现性测验的优点主要有：

（1）有助于课堂教学活动，教师能够及时反馈学生的表现，可以提高教学质量。

（2）通过对学生各项能力的量化，对学生复杂的学习成绩（如语言表达能力）的量化，可以评价学习的全过程。

（3）可以测验学生的思维能力及凭借先前的知识解决实际问题的能力等。

（4）它体现的学习理论是建构主义，意义的建构者是学生，学生不再作为知识的接受者。

表现性测验的不足主要体现在两个方面：

（1）比较费时费力，教师开发、实施表现性测验需要花大量的时间和精力。

（2）评价结果的信度和效度得不到保证。

一方面，表现性测验法是人为评分，其结果受主观因素的影响较大，评价者之间就某一项评分差距可能较大；另一方面，从效果上看，学生成绩测试的任务数量相对较少，教师很难从几个任务中对学生的一般能力做出合理的推断。

以一节将校园建筑模型与分数知识相结合的课堂教学为例，简谈利用问卷调查定量分析课堂教学效果。在课堂教学之后，我们对学生和教师都进行了问卷调查，以达到量化教学效果的目的。

（1）从学生问卷方面获得课堂学习效果的反馈。

你喜欢这节课中为校园铺设操场、球场和种植绿植的情境吗？［单选题（图4-25）］

选项	小计	比例
A. 喜欢	39	95.12%
B. 一般般	2	4.88%
C. 不喜欢	0	0%
本题有效填写人次	41	

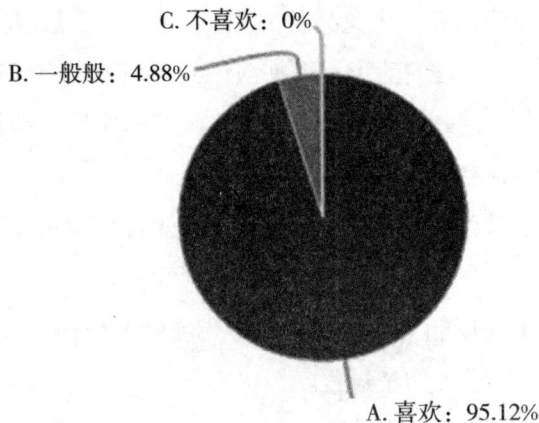

图4-25

可知：校园建筑与分数知识相结合的数学课，学生是喜欢的。

本节课的三个活动你更喜欢哪个环节？ ［单选题（图4-26）］

选项	小计	比例	
A. 铺设操场	20	████	48.78%
B. 铺设球场	3	●	7.32%
C. 种小草	18	███	43.9%
本题有效填写人次	41		

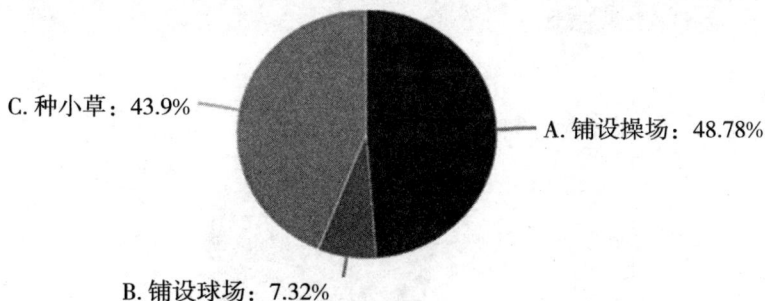

图4-26

可知：第二环节的活动与第一环节类似，学生容易产生疲惫感。

你觉得这节课的学习对你来说难度大吗？ ［单选题（图4-27）］

选项	小计	比例	
A. 非常简单	33	██████	80.49%
B. 难度刚刚好	8	██	19.51%
C. 难度较大，有些地方没听懂	0		0%
本题有效填写人次	41		

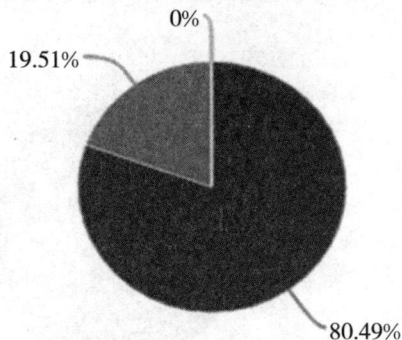

■A. 非常简单 ■B. 难度刚刚好 ■C. 难度较大，有些地方没听懂

图4-27

可知：学生对教材掌握很好，挑战性需提高。

（2）从教师问卷方面获得课堂教学效果的反馈。

授课中，教师能把握教学关键点，突出重难点。［单选题［单选题（图4-28）］

选项	小计	比例	
A. 完全符合	19		90.48%
B. 比较符合	2		9.52%
C. 有待符合	0		0%
本题有效填写人次	21		

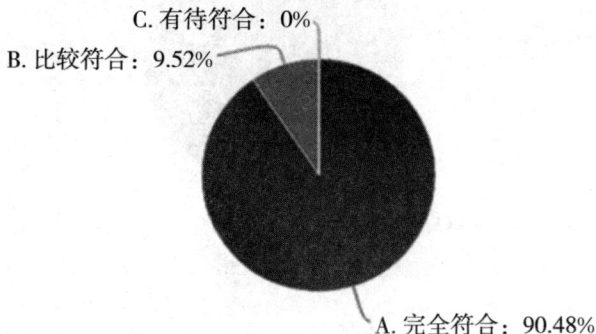

图4-28

师生双向交流效果。［单选题［单选题（图4-29）］

选项	小计	比例	
A. 好	21		100%
B. 一般	0		0%
C. 有待提高	0		0%
本题有效填写人次	21		

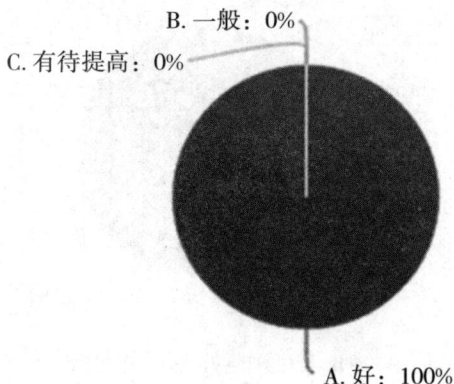

图4-29

可知：重难点把握准确，师生互动良好。

（二）定性评价

定性评价侧重于对事物质的方面进行分析和判定，可以对教育领域中那些比较隐蔽、模糊的现象进行评价。这种方法可以弥补定量评价难以揭示评价对象那些表现较少、比较隐蔽的特征的不足。通过深入观察、细致分析抽象出评价对象的某些规律，抓住事物的本质特征。因此，定性评价的关键是要实事求是，抓住要点，评价用语要具体准确，切忌大而空的语言。此外，定性评价要依赖于评价者的已有背景与经验做出判断，很难避免评价中主观因素的影响。所以在具体的评价实践中，尽量与定量评价结合使用，使定性评价有量有据。定性评价主要采用等级评价、评语评价、评定评价等方法。

例如，学生综合素质评定（图4-30）。

查看综合素质评定--五年级（5）班 张三

文明礼仪	良好	学习态度	积极
卫生习惯	优秀	课堂出勤	优秀
自律意识	良好	活动参与	积极
表达沟通	良好	团队合作	良好

图4-30

教育活动是复杂的。要想对教育活动进行评价也是非常困难的。因为教育活动受到很多因素的制约，还有教育技术和手段的局限。这使得任何教育评价方法都不是万能的。优缺点并存必然是每一种教育评价手段的共同点，而且每一种教育评价都会有其特定的适用范围，定量评价与定性评价也不例外。很多人越来越重视教育评价中的定量评价。在教育评价中排除定量评价是错误的。然而，过分强调定量评价也是错误的。原因如下：

首先，定量评价是一种非常好的教育活动评价方式，但它不是唯一途径。因为有非常多的教育活动并不能进行量化，或者说量化的难度非常大。要是我们认为量化是唯一的方式，那很多教育现象都将不能被评价。因为它们量化不了，这就非常不利于教育的发展。

其次，人们对定量评价认识不清楚可能主要还是因为他们认为定量评价是最客观、最准确的方法。但实际上，定量评价也会有主观因素的加入，从而影响评价工作。从一些采用了定量评价的案例中可以看出，将教育问题转化为数学问题，或者在解释数学方法得出的结果时，就很难不加入主观因素。所以，认为只有用数学方法才能实现客观化的想法是幼稚的。

定量评价和定性评价各有优缺点。任何事物都具有质的规定性和量的规定性，表现为质与量的统一。教育现象是复杂多变的，想要准确地对教育现象做出评价，那就要将两种评价结合使用，即定量与定性的结合。结合的方式可以实现相互补充、取长补短，并做出全面准确的评价。在教育活动中，前面已谈到定量评价与定性评价已有结合的趋势，并已在评价实践中得到一定的体现。但是，定量评价与定性评价之间的必要张力如何保证，二元对立如何消除，多元融合如何实现，依然是现代教育评价在方法层面需要继续探讨的重要问题。

除了以上的教育评价分类外，教育评价还有很多其他类型的划分。比如，动态评价与静态评价，单项评价与整体评价，伪评价、准评价与真评价，"最佳表现"评价与"通常表现"评价，目标取向评价、过程取向评价和主体取向评价，等等。

综上，针对不同的分类方式亦会有更多更有针对性的问卷设计及数据分析。在教育领域结合大数据及不同年级学生的心理特点设计调查问卷，对数据进行及时的收集、分析，其结果可用于检测课堂质量，对学情进行及时跟踪分析，引导学生进行课后反思，有效提高教学质量，等等。

而把需求作为问卷内容设置的源头，在进行学生课堂学习效果分析之前非常有必要了解一下学生学习行为评价的维度。通过查询文献，我们总结了评价的四个维度：

（1）学生的主动性被激起，积极地参与到学习活动之中，有强烈的求知欲望。

（2）学生由被动学习变为主动学习，体现自主学习与合作学习、接受性学习与探究性学习的恰当结合。

（3）学生是否善于发现问题、提出问题、积极解决问题，是否敢于质疑、积极合作、主动探究。

（4）学生在学习过程中有效参与，90%以上的学生是否能够互相交流知识、交流体会、交流情感，在获取丰富知识的同时形成一定的学习能力。

基于以上文献查阅，我们将学生课堂学习效果概括为以下几个维度：

（1）对课堂是否感兴趣（兴趣性）。

（2）课堂活动是否能激起学生的学习主动性（主动性）。

（3）课堂活动是否能引发学生的思考（思考性）。

（4）学生是否能很好地掌握学习内容（理解性）。

（5）其他维度。

从兴趣性、主动性、思考性和理解性四个维度设计问卷题目，可以有效反馈学生课堂学习的效果。

在创新性课程磨课试教的过程中，学生问卷与教师问卷相结合可以有效反馈课堂教学的效果。

所以我们总结出教师问卷的提问策略同样有固定的四个维度：

（1）设计的理念。

（2）结合的流畅。

（3）教学的效果。

（4）亮点与不足。

在最后这个维度上我们的提问方式也有所改变，从封闭性问题变为了开放性问题："你认为本节课需要精进的地方是什么？"这样的改变能让我们更精确地找到问题所在，所得数据分类后也作为教师修改和完善教学设计的基础参考数据。

学生问卷和教师问卷的侧重点不同，学生问卷更注重学生的兴趣和整体感受，教师问卷则是更具专业性，但不同的问卷不同的问题，最终目标只有一个，就是更好地提高课堂效率。在每一次问卷结果的驱动下，教师都会更有针对性地改进自己的教学设计和课堂表达，每一次的数据都会为下一次的改进提供方向，最终，教师素养也在这个清晰明确的过程中大大提高了。学生与教师亦在同频进步。

第五章

5

经典案例设计

案例一：故宫之窗之比例的认识

故宫之窗（图5-1）。

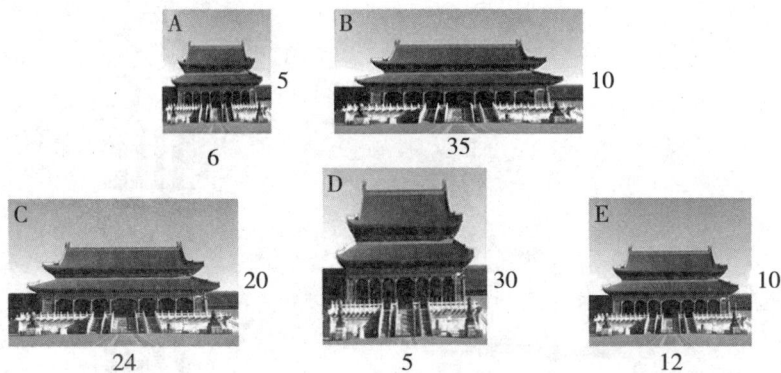

图5-1

哪几幅故宫图是相像的呢？

比相等的像，不相等的不像，如A和C两张图片，长与长、宽与宽的比相等，24：6=20：5，所以就像。

A图片长与宽的比是6：5，E图片长与宽的比是12：10，6：5=12：10，所以像。

❀ 认一认

像24：6=20：5，6：5=12：10这样表示两个比相等的式子叫作比例。

$$12 : 6 = 8 : 4$$

内项

外项

$6 : 5 = 12 : 10$，也可以写成 $\dfrac{6}{5} = \dfrac{12}{10}$。

故宫的窗户是这样的（图5-2）：

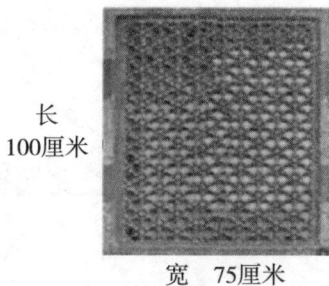

长
100厘米

宽　75厘米

图5-2

✽ 让我们动手做窗户模型吧

材料包中的窗框的长度分别是20厘米、15厘米、12厘米、9厘米、8厘米、6厘米、4厘米、3厘米（图5-3）。

图5-3

✽ 选出的窗框能写出几组比例，与同伴交流

9：12和15：20两个比的比值是0.75，所以9：12=15：20。

9：15=12：20这两个比化简后都是3：5，所以两个模型形状一样。

❁ **让我们动手做窗户模型吧（图5-4）**

图5-4

你们做出的窗户真美呀！

给窗框刷漆（图5-5）。

朱红色的调配

曙红：朱膘=13：7

图5-5

这是仓库的材料记录单（表5–1），根据比例的意义，你能写出比例吗？把组成的比例写出来。

表5–1

仓库记录单	曙红/克	朱膘/克
A	26	14
B	65	35
C	26	140
D	130	70

组成的比例有（表5–2）：

表5–2

13：7=130：170	

表5–3

每5颗星星为一个满格状态，亲爱的同学们，你得了几颗星星呢？		
评价内容	评价指标	星级
参与状态	认真思考　积极参与 乐于分享　畅所欲言	
思维状态	能多角度思考问题 能表述所学 有自己的思考及创意	
生成状态	学习过程中有满足感 有挑战的成功感 对后续学习更有信心	

案例二：帕特农神庙复原记之圆柱底面周长

帕特农神庙模型（图5-6）。

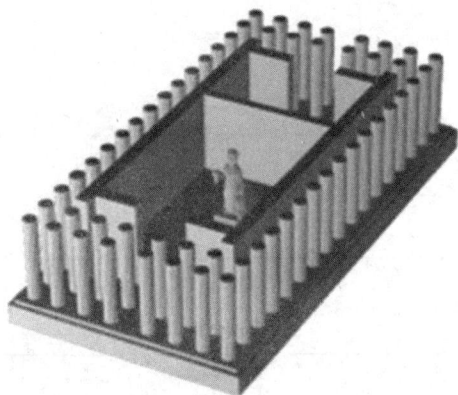

图5-6

帕特农神庙是著名的古希腊建筑，它是希腊国王为了庆祝马拉松战役的胜利而兴建的。帕特农神庙在世界艺术宝库中占有重要地位（图5-7）。

图5-7

请同学们仔细观察帕特农神庙有什么特征。

有很多圆柱……

圆柱的排列是对称的……

你们知道如何制作一个圆柱吗？具体需要哪些数据？
与同伴交流。

还需要高……

周长、直径……

周长计算：$C = \pi d = 2\pi r$

帕特农神庙圆柱的直径是2米，高是10米，教室里能做出来吗？选择多大的比例尺合适（图5-8）？

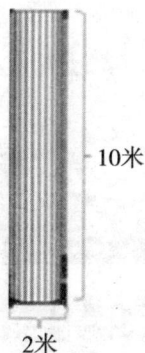

图上距离÷实际距离=比例尺

10米

2米

图5-8

现在有两个比例尺1：100和1：50，请小组抽签决定你们组的比例尺。

❖ **请各小组计算数据，完成下表（表5-4）**

表5-4

数据名称	原始数据 （厘米）	模型数据 （厘米）	算式
圆柱高	1000		
圆柱直径	200		
圆柱底面 周长			

❖ **让我们动手制作神庙模型吧**

材料一：长15厘米、高28厘米和长10厘米、高14厘米的瓦楞纸各16张（图5-9）。

图5-9

材料二：模型底部和顶部。

长15厘米、高28厘米的顶部和底部（图5-10）。

图5-10

长10厘米、高14厘米的顶部和底部（图5-11）。

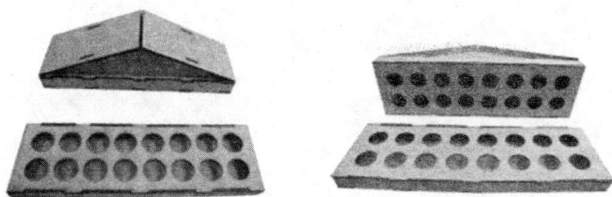

图5-11

你们做出的神庙模型真美呀（图5-12）！

图5-12

给自己一个评价（表5-5）。

表5-5

每5颗星星为一个满格状态，亲爱的同学们，你得了几颗星星呢？		
评价内容	评价指标	星级
参与状态	认真思考　积极参与 乐于分享　畅所欲言	
思维状态	能多角度思考问题 能表述所学 有自己的思考及创意	
生成状态	学习过程中有满足感 有挑战的成功感 对后续学习更有信心	

案例三：建筑中的稳定性之三角形、四边形特征

建筑中的三角形（图5-13）。

图5-13

这些屋顶为什么要做成三角形？

三角形具有稳定性，这样的屋顶不容易坍塌。

屋顶设计成三角形能够起到排水减压的作用。

✿ 拉一拉

用手拉一拉三角形和四边形的框架，你有什么发现（图5-14）？

图5-14

❀ 让我们动手来搭建屋顶吧

手中的材料包中有3种规格的木棒（长、中、短）、剪刀、扎带（图5-15）。

图5-15

任务一：组装2个三角形（图5-16）。

图5-16

任务二：组装2个四边形（图5-17）。

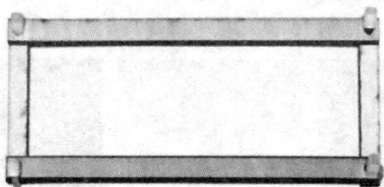

图5-17

任务三：用组装好的三角形和四边形搭建一个屋顶（图5-18）。

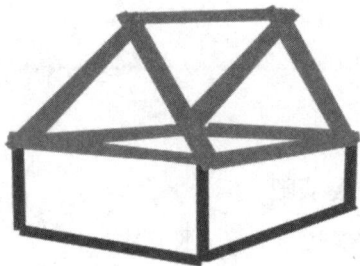

图5-18

✱ 写一写

用手拉一拉屋顶中的三角形和四边形，你有什么发现？

屋顶中的三角形拉不动，四边形也拉不动！

四边形因为和三角形用扎带固定在一起，也变得稳定了。

图形的稳定性是相对的，并可以发生改变。

建筑物中有哪些熟悉的图形？世界上很多建筑物都用到了三角形，如图5-19中的斜拉桥、埃菲尔铁塔、亚马逊球体。

图5-19

给自己一个评价吧（表5-6）！

表5-6

每5颗星星为一个满格状态，亲爱的同学们，你得了几颗星星呢?		
评价内容	评价指标	星级
参与状态	认真思考　积极参与 乐于分享　畅所欲言	
思维状态	能多角度思考问题 能表述所学 有自己的思考及创意	
生成状态	学习过程中有满足感 有挑战的成功感 对后续学习更有信心	

案例四：神秘的四合院之方向的认识

四合院是我国的一种传统建筑，至今已有3000多年的历史。四合院的东、南、西、北四面都建有房屋，把庭院合围在中间，因此叫作四合院（图5-20）。

图5-20

各个房间分别位于四合院的什么方向？

东西厢房和南北房分别位于四合院的东、西、南、北四个方向。

东耳房位于东和北之间，这个方向叫东北方向。以此类推，西耳房、私塾和厕所分别位于西北方向、西南方向和东南方向。

✿ 辨一辨

把各个方向放在一起，就形成了一个方向板。你能很快说出各个方向的名称吗（图5-21）？

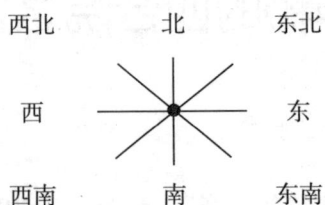

图5-21

❀ **让我们动手拼一个属于自己的四合院吧**

你们手中的材料包中有底板、北房、南房、东西耳房、东西厢房、书塾和厕所，请把四合院各个房间摆放到正确的位置上（图5-22）。

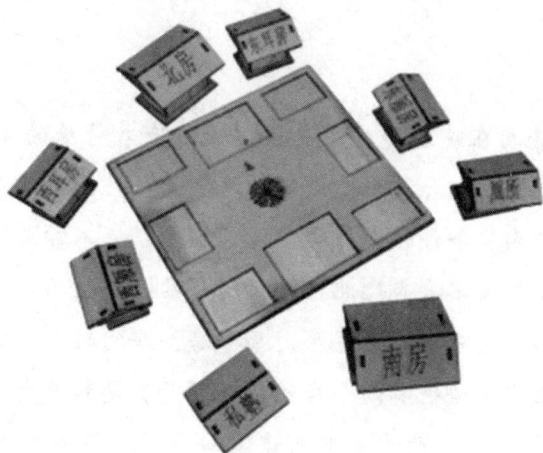

图5-22

拼对了吗？让我们一起来看看吧（图5-23）。

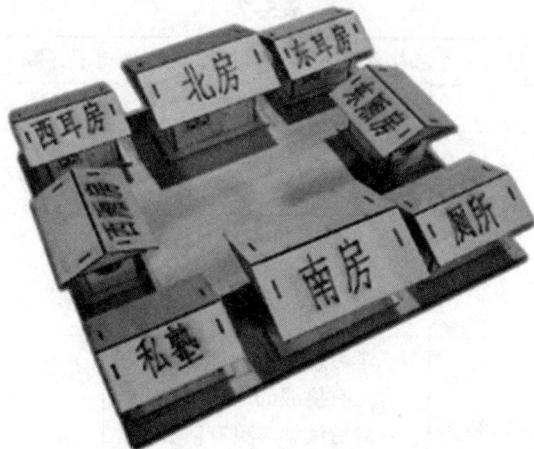

图5-23

❀ 你能说出各个房间在四合院的方向了吗?

北房位于四合院的北面	

你知道吗

四合院各个房间在建筑和房屋居住方面都有着特殊的意义。北房由于空气好、阳光足,是整个四合院当中最好的房屋,居住的是家中最尊贵的人。相反,跟北房相对的南房条件较差,常常留作客房,给不常居住的客人使用。东西厢房的建筑高度和风水采光比北房相对弱一些,居住的是主人的子女或兄弟姐妹。北房的左右两边分别有东耳房、西耳房,房间较小,常用于储藏衣物或字画等;南房的左右两边也有两个房间,分别是私塾和卫生间。主人可以根据土地面积的大小、家中人数的多少来建造四合院。最小的四合院是一进四合院,还有二进四合院、三进四合院等。

给自己一个评价吧(表5–7)!

表5–7

每5颗星星为一个满格状态,亲爱的同学们,你得了几颗星星呢?		
评价内容	评价指标	星级
参与状态	认真思考　积极参与 乐于分享　畅所欲言	
思维状态	能多角度思考问题 能表述所学 有自己的思考及创意	
生成状态	学习过程中有满足感 有挑战的成功感 对后续学习更有信心	

案例五：房屋装饰设计之密铺

俄罗斯方块游戏（图5-24）。

图5-24

俄罗斯方块游戏中小方块是怎样拼在一起的？

一个挨着一个紧密地排列在一起。

无空隙，不重复。

生活中我们还在哪些地方见过这样的拼法？请你说一说。

这三幅图分别是由什么图形铺成的？它们的铺法有什么共同点（图5-25）？

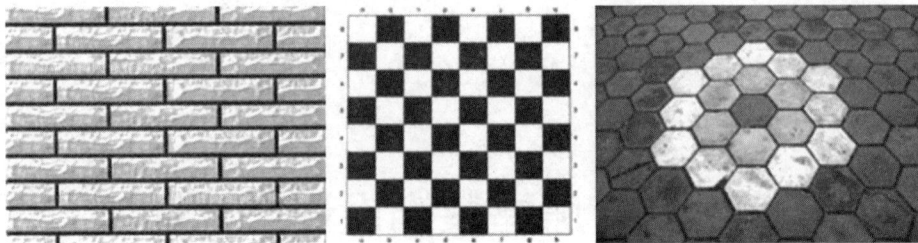

图5-25

图形和图形之间紧密地排在一起，无空隙、不重叠地铺在平面上，这种铺法叫密铺。

欣赏建筑中的密铺（图5-26）。

图5-26

判断：下面的三幅图可以看作密铺吗？为什么（图5-27）？

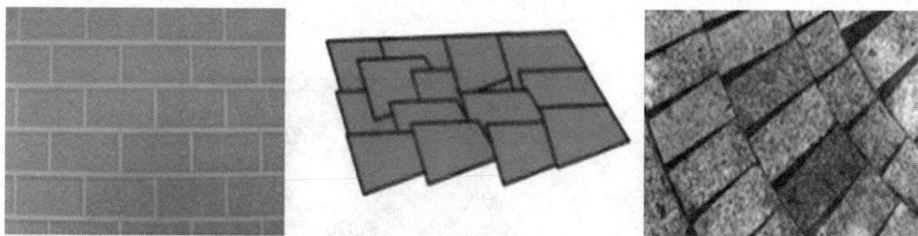

图5-27

✿ 想一想

下面哪些图形能够单独进行密铺（图5-28）？

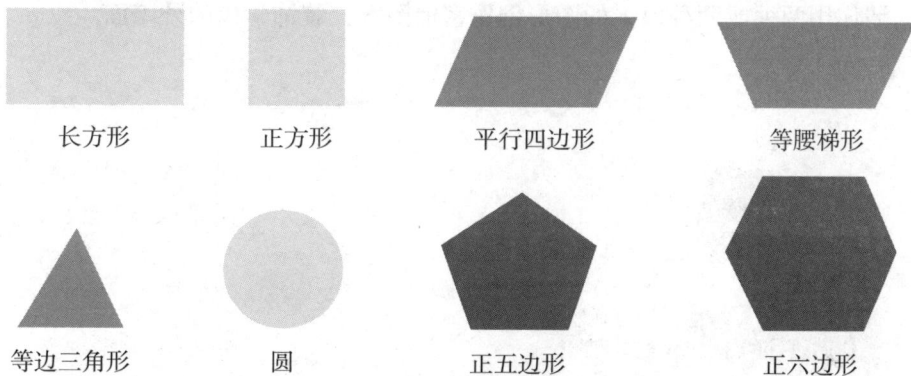

长方形　　　　　正方形　　　　　平行四边形　　　　　等腰梯形

等边三角形　　　　　圆　　　　　正五边形　　　　　正六边形

图5-28

✿ 让我们动手验证吧

我们手中的材料有完全相同的长方形、正方形、三角形、平行四边形、梯形、正五边形、正六边形、圆各20个。

✿ 先猜一猜，再拼一拼，摆一摆

长方形、正方形、三角形、平行四边形、梯形、正六边形能单独密铺。

正五边形、圆不能单独密铺。

两种或两种以上平面图形的密铺（图5-29）。

图5-29

装饰学校外墙面。

请你用两种或两种以上的图形创作密铺图案，装饰学校的外墙面。

与同伴交流。

你们设计的密铺图案真美呀！

你知道吗

密铺的历史

最富趣味的是荷兰艺术家埃舍尔与密铺。他创造了各种并不局限于几何图形的密铺图案，这些图案包括人、青蛙、鱼、鸟、蜥蜴，甚至是他凭空想象的物体。他创作的艺术作品，结合数学与艺术，给人留下了深刻的印象，更让人对数学产生了另一种看法（图5-30）。

图5-30

给自己一个评价吧（表5-8）！

表5-8

每5颗星星为一个满格状态,亲爱的同学们,你得了几颗星星呢?		
评价内容	评价指标	星级
参与状态	认真思考 积极参与 乐于分享 畅所欲言	
思维状态	能多角度思考问题 能表述所学 有自己的思考及创意	
生成状态	学习过程中有满足感 有挑战的成功感 对后续学习更有信心	

案例六:百变校园之分数的再认识

在上一节课中,我们已经建设了自己理想的校园模型。可是,校园里没有操场、球场和绿化带,你能按要求将校园完善吗?

❀ **画一画**

校园占整个村子面积的 $\frac{2}{5}$,说说 $\frac{2}{5}$ 是什么意思?

请你画图表示出 $\frac{2}{5}$。

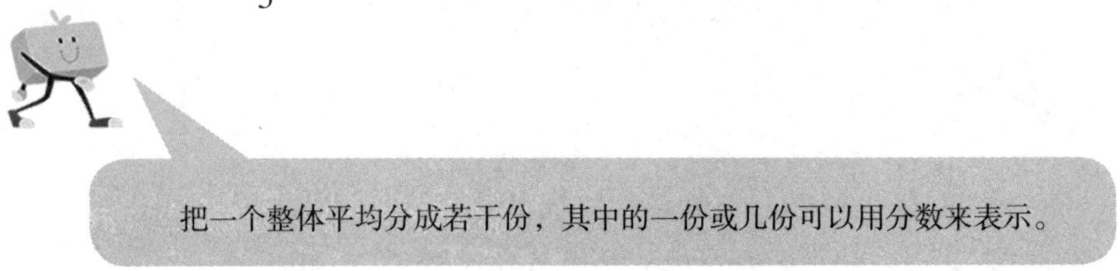

> 把一个整体平均分成若干份,其中的一份或几份可以用分数来表示。

铺设操场。

材料如下（图5-31）：

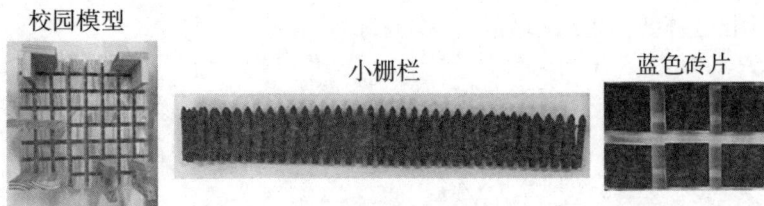

图5-31

请你用蓝色砖片将建设区域的 $\frac{1}{2}$ 铺设为操场。

（1）用小栅栏在校园模型中圈出你的建设区域。

（2）用蓝色砖片铺上区域的 $\frac{1}{2}$ 作为操场。

Q1：都是建设了 $\frac{1}{2}$ 的面积，为什么面积大小不一样？

铺设球场。

材料如下（图5-32）：

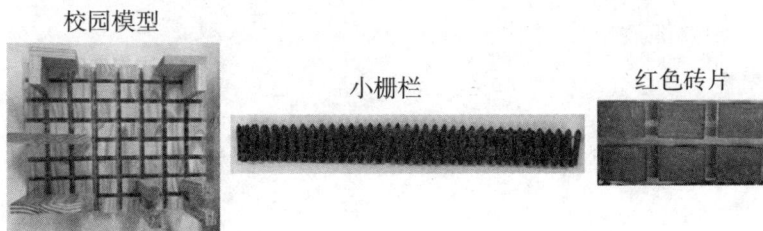

图5-32

请你用红色砖片将建设区域的 $\frac{1}{3}$ 铺设为球场。

（1）用小栅栏圈出你的建设区域。

（2）用红色砖片铺上区域的 $\dfrac{1}{3}$ 作为球场。

> 围出来的球场面积不一样，为什么都还是 $\dfrac{1}{3}$？

种植绿化带。

材料如下（图5-33）：

校园模型　　　　　　　绿化小树

图5-33

校园内小草总数的 $\dfrac{1}{4}$ 是两株小树，请你在校园中栽种绿化。

（1）确定小树总数。

（2）将小树插放至校园中。

> 　跟同桌对比一下，你们的栽种方式一样吗？如果栽种方式不一样，谁对谁错呢？

❀ **小朋友，今天的知识你都学会了吗？**

我们来练一练吧。

（1）校园升旗杆的 $\frac{1}{3}$ 是 ▊，这根升旗杆是下面三根中的哪一根（图5-34）？

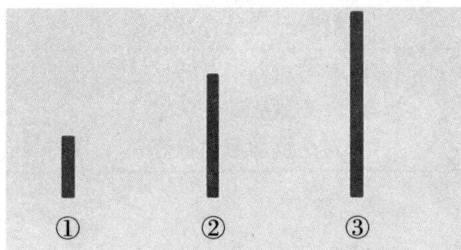

图5-34

（2）实验楼的顶楼预计设计一个花圃。花圃的 $\frac{1}{4}$ 是 ，花圃的 $\frac{3}{4}$ 是

下列哪个图形（图5-35）？

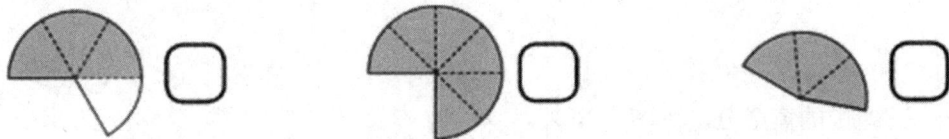

图5-35

你们完成得真好！

给自己一个评价吧（表5-9）！

表5-9

每5颗星星为一个满格状态，亲爱的同学们，你得了几颗星星呢？		
评价内容	评价指标	星级
参与状态	认真思考　积极参与 乐于分享　畅所欲言	

续 表

每5颗星星为一个满格状态，亲爱的同学们，你得了几颗星星呢？		
评价内容	评价指标	星级
思维状态	能多角度思考问题 能表述所学 有自己的思考及创意	
生成状态	学习过程中有满足感 有挑战的成功感 对后续学习更有信心	

案例七：美丽的黄金分割

建筑中的黄金分割（图5-36）。

图5-36

这几幅美丽的建筑图片上都有与数学相关的数字密码，我们一起去找一找吧（图5-37）！

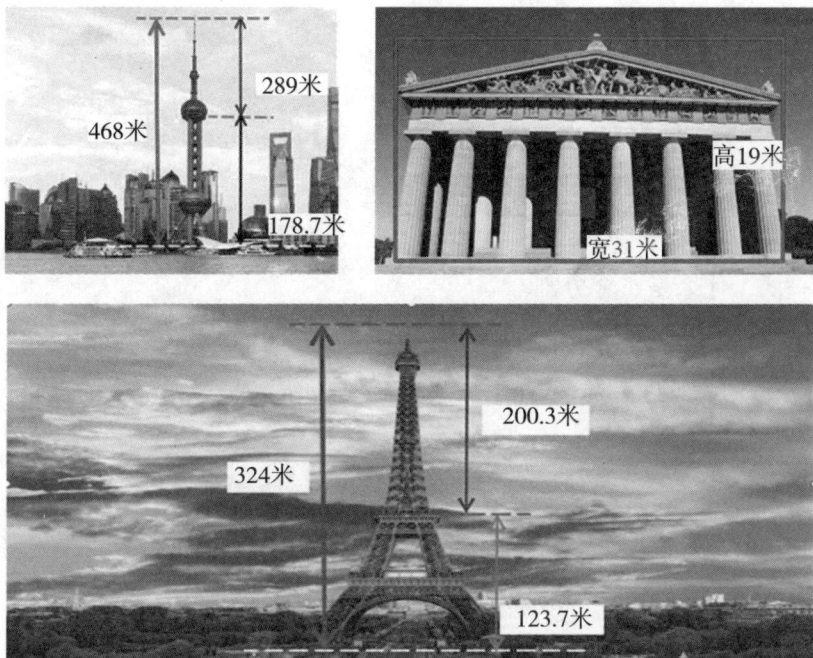

图5-37

这是建筑的真实数据，根据所学的比例知识，你能写出一组比例吗？

我发现，123.7∶200.3=200.3∶324≈0.618，它们都是较短边与较长边的比。

帕特农神庙的高∶宽=19∶31≈0.618。咦，怎么都出现0.618？这个数字有什么神奇之处吗？

根据数据，写出剩下的建筑上的比并算出比值，你有什么发现？

289：468=178.7：289≈ 0.618，在上海的东方明珠塔上也出现了0.618。

认一认，什么是黄金分割？

黄金分割〔Golden Section〕是一种数学上的比例关系。黄金分割具有严格的比例性、艺术性、和谐性，蕴藏着丰富的美学价值，应用时一般取0.618，就像圆周率π在应用时取3.14一样。

像这样，点C将线段AB分成较短的线段BC和较长的线段AC，且满足 $\dfrac{BC}{AC}=\dfrac{AC}{AB}\approx0.618$，就称点C将线段AB进行黄金分割（图5-38）。由于按此比例设计的造型十分美丽，因此称为黄金分割，也称"中外比"，这个分割点就叫作黄金分割点。

A   C   B

图5-38

黄金分割不仅体现在诸如绘画、雕塑、音乐、建筑等艺术领域，而且在管理、工程设计等方面也有着不可忽视的作用。

做一做

探索美丽密码之旅——寻找黄金分割点活动。

在学具里有三种型号的黄金分割尺，请选择合适长度的黄金分割尺来寻找黄金分割点，并做好标记（图5-39）。

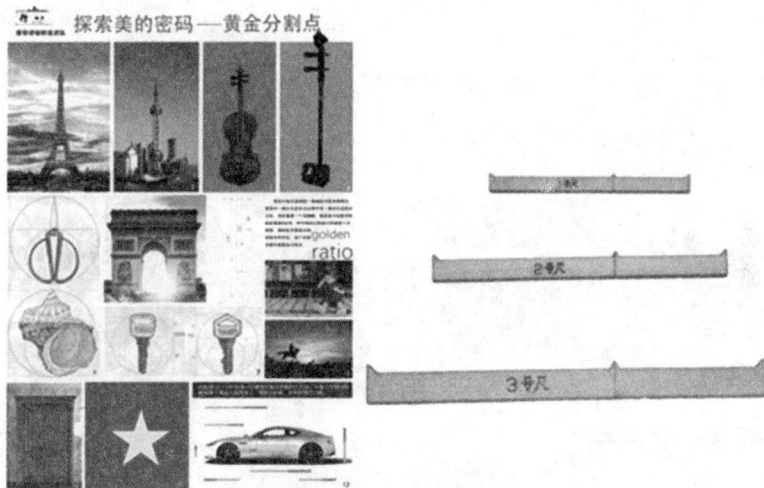

图5-39

根据你找到的黄金分割点，说一说图中的哪部分与哪部分成黄金分割比。

我用3号尺子测量第四幅图的二胡，比对之后发现，它的黄金分割点指向二胡的千斤外，也就是这个千斤对二胡进行了黄金分割，千斤以上部分与千斤以下部分的长度成黄金分割比。

☘ 黄金矩形（Golden Rectangle）

黄金矩形是由黄金分割而来，即矩形的短边与长边的比约等于0.618时，该矩形称为黄金矩形（图5-40）。

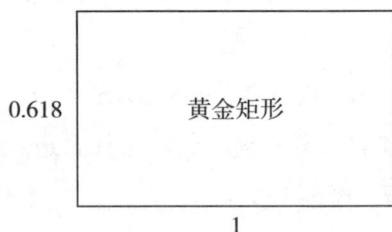

0.618　黄金矩形

1

图5-40

❀ 找一找，生活中你还发现了哪些黄金矩形？

生活中的黄金矩形（图5-41）。

图5-41

❀ 自由创作

利用手中的黄金分割尺，创作一幅你喜欢的黄金分割的作品吧！

你知道吗

斐波那契螺旋线，也称黄金螺旋（Golden Spiral），是根据斐波那契数列画出来的螺旋曲线，自然界中存在许多斐波那契螺旋线的图案，是最完美的经典黄金比例。这种曲线最大的特点就是它的迷之完美，所有的比例都显得恰到好处，让人感到身心舒畅（图5-42）。

图5-42

给自己一个评价吧（表5-10）！

表5—10

每5颗星星为一个满格状态，亲爱的同学们，你得了几颗星星呢？		
评价内容	评价指标	星级
参与状态	认真思考　积极参与 乐于分享　畅所欲言	
思维状态	能多角度思考问题 能表述所学 有自己的思考及创意	
生成状态	学习过程中有满足感 有挑战的成功感 对后续学习更有信心	

（本章图片均来源于网络）

第六章

对数学与建筑融合的思考与展望

6

　　学科融合在当今教育界是非常流行的概念，也是教育的一大发展趋势。而小学数学与建筑融合的实践研究无疑为数学学科融合开辟了一条崭新的途径。建筑在生活中无处不在，承载了人们的思想、情感、智慧、历史、文化等多种元素，有很深的研究价值。当理性的数学遇上充满感性的建筑，神奇的反应就产生了，从课堂效果可以看到，学生的学习积极性空前高涨。

一、实践与思考

　　要想让学生在深刻感受数学在建筑中的表现形式时，自然而然地深入探究数学的美，研究数学问题，掌握数学知识，思考数学价值，我们认为需要进行以下方面的思考。

（一）选取数学与建筑的自然融合点进行教学

　　建筑中数学知识的运用有如行云流水，自然流畅。我们在教学实践中根据个人的主观意愿把数学和建筑进行融合教学，为了避免生拉硬拽、牵强附会，需要对所授数学知识和建筑的相关知识有较为深入的了解。

　　非常荣幸，我们团队中有一位专业的建筑师，在融合设计的过程中为队员们答疑解惑，让我们的研究少走了很多弯路。一线教师在进行数学与建筑融合的实践尝试时，需要查找相关的文献资料，尽量还原建筑本身的文化色彩，让学生在课堂上也能见识到建筑的魅力。另外，还需要对数学知识及其重难点进行深入的琢磨和反复实践。我们的研究团队中有数学教育专家、多名教学经验丰富的骨干教师，在研究过程中，他们发挥了中坚力量，为数学知识的深度解读、融合思考提供了宝贵意见。

　　同时，我们对同一课例进行多番打磨，在双向调查问卷（学生和家长、听课教师）的大数据指导下，不断调整教学，寻找最恰当的融合点。在这个过程中我们发现了一个有趣的现象，有时我们认为好的融合点学生并不满意，有时学生兴奋度过于高涨的融合点教学效果并不理想，而只有适合数学教学，同时学生也满意的融合点才能让数学与建筑达到完美融合。

　　因此，要想选取数学与建筑的自然融合点，我们在前期准备中还需做足功课，切忌在匆匆思考中走进课堂。

（二）注重对融合型教学具的研究和开发

以往的数学与建筑融合常局限在对图片和视频的观赏上，学生光凭看和听进行学习，感受不深。在研究实践中，我们团队成员根据每个数学知识点和现实中的建筑设计了缩小比例的建筑模型教学具，让学生在直观、形象的学具的帮助下进行思考，通过猜想—亲自动手操作验证—推理等系列活动，让学生经历了数学知识产生和形成的过程，同时运用数学知识解决建筑中的问题，在建筑学具的拼凑中进行思考的验证，在达到新课标提倡的"做中学、玩中学"教学理念的同时，学生的学习兴趣与自信心也得到增强。

融合型教学具的研究与开发过程并不简单，首先我们得找到一位能把图纸变成实物的建筑模型师傅，同时还要有一个完整的教学设计，我们需要根据教学设计确定建筑模型的功能、尺寸、形状等。为了达到良好的教学效果，我们对教学具进行多次设计和调整，模型师傅也会根据我们的创意进行制作。在《认识比例》一课中，我们进行了三次试教，每次试教后都对教学具进行了跌代更新，最终，在教学具能够与教学完全融合，较适合学生的课堂使用时，教学具才能被验收入库存档。因此，在教学具的开发上，老师们也发挥了自己的智慧和集体的力量，从而研发出较为满意的教学具。

（三）关注学生情感的迁移

在教学中，我们常常会还原建筑原有的社会功能、艺术审美、历史价值，让学生去感叹、领悟建筑学的神秘，带着浓厚的兴趣去挖掘建筑中的数学宝藏，从而深刻感受数学的魅力。如果把建筑比喻为颜值，那么数学就是智慧，是更深层次的价值体现，建筑师也只有学好数学，才能让建筑个体更有内涵，才能真正实现建筑的功能和社会价值。

在研究过程中，学生往往兴趣盎然，带着浓厚的学习兴趣投入数学学习中，学习效果自然倍增。让人惊喜的是，课堂上，学生完全沉浸在对建筑学具的探索、跟同伴的研讨、对问题的解决中，即使此刻你在他们面前拿起手机记录下这精彩的瞬间，他们依然不为所动。他们俨然一位位小建筑师，在研究着非常重要而有价值的问题。他们需要有严谨的研究态度，稍不留神，手上的建筑作品将出现匪夷所思的结果。更值得一提的是，教师常常在下课铃响后被学生围得水泄不通，要求解答所产生的新问题。

当我们还原建筑的历史意义时，收获的又是另一番意想不到的效果。例如，在引入四合院进行方向辨认的一课中，教师告诉学生，古代以北为尊，北房的采光取暖最好，通常给家里最尊贵的人居住。在安排厢房的环节中就有学生提出，要学会尊老爱幼，把北房让给爷爷奶奶住。在多次课堂实践以及家长的问卷反馈中我们都看到类似的现象。显然学生在数学学习的过程中进行了情感的迁移，面对的不再是枯燥的数学知识，而是有血有肉的载体，学生在学习数学的同时，思想品德也受到了教育。

当然，教师需要对建筑的历史价值、社会功能等有深入的了解，这样设计的课例才能真正激发学生的情感共鸣，达到良好的教学效果。

（四）注重学生能力的培养

在数学教学中融入建筑，很好地培养了学生多方面的能力，如动手操作能力、空间思维能力、团队合作能力等。

1. 培养学生的动手操作能力

苏霍姆林斯基说过："儿童的智慧在他的手指尖上。"可见多动手操作能发展学生的思维，达到创新教学的目的。在课堂中，我们通过让学生亲自动手操作建筑学具，亲身实践，激发了学生的学习兴趣，调动了他们的学习积极性，活跃了课堂气氛，加深了学生对所学知识的全面理解，同时也能开发学生的智力，让他们积极地动手、动脑，大胆地去思索、探讨、创新。课堂上，学生不再是被动接受知识的容器，而是主动积极的参与者，是认识过程的探索者，是学习活动的主体。在探究的过程中，他们的动手能力在不知不觉中得到了提高。

2. 培养学生的空间思维能力

小学生的思维主要以直观形象思维为主，他们对空间图形的认识依赖于亲身体验和动手操作，而数学与建筑融合的课堂要求学生对教学具进行动手操作、体验研究，正是在对模型的触摸体验中，借助视觉、触觉、听觉等各种感官参与活动，学生的空间思维能力慢慢形成。

爱因斯坦曾经说过："想象比知识更重要，因为知识是有限的，而想象要概括世界的一切。"想象是思维的翅膀，往往和观察、实验、思考等活动结合起来。因此，在教学中，我们并非一开始就让学生动手，而是先从猜想开始，让学生根据自身的成长经验进行想象和推导，再进行动手验证，有意识地培养学生的空间想象力，从而提高学生的空间思维能力。

通过调查发现，融合实验班跟一般班级的学生相比空间思维能力有明显的优势。

3. 培养学生的团队合作能力

在学习任务的驱动下，学生兴趣盎然地投入以小组为单位的问题解决当中。教师设计的竞争机制又让学生争先恐后，干劲十足。在教师的引导下，学生先商量好分工安排和操作细则，认真对待的小组往往得心应手，最终在竞争中拔得头筹。暂时落后的小组也会吸取经验，在下一次的活动中未雨绸缪、运筹帷幄。在一次次的活动中，学生的团队合作能力有了显著提高。

数学与建筑的融合实践摒弃了数学单一学科的多种弊端，赋予数学课更丰富的内涵和外延，满足了教育发展的潮流，同时也符合新时代学生发展的需求。

二、挑战与展望

在对小学数学与建筑融合进行实践探索的过程中，我们的研究得到了权威教育专家的一致认可，同时也面临着新的挑战：目前，小学数学与建筑融合的实践处于初步尝试阶段，如何让融合走向纵深发展，从技术手段、融合深广度及多维度等方面进行拓展；如何让学生自主参与到数学与建筑的融合学习中，提出数学问题，自主参与解答等等，这些还需要我们进一步思考。

（一）提高融合的技术手段

目前，在数学与建筑融合的实践中，涉及的建筑知识的介绍，基本的操作方式是教师绘声绘色的讲解。部分建筑知识的介绍较为烦琐，介绍起来略显枯燥，且单一的听觉显然不如多个感觉器官共同参与效果更好。

在很多景区，可触摸的电子显示屏让游客通过视觉、听觉、触觉等方式在短时间内多维度深入了解景点。因此我们可以大胆想象，在教学中，能否引入类似的信息技术，课前准备一个相关内容的软件，让学生通过iPad显示屏，结合视频进行相关内容的嵌入式教学，从而实现建筑、信息技术和数学的多学科多维度融合。

在教学具方面，目前也是局限于木质建筑学具的操作，且教学具的设计、研发与制作耗费非常多的时间及人力、物力。我们设想，部分教学具能否也通过信息技术实现？例如，平移、旋转的设计与欣赏，让学生在iPad中设计一个基本图形，通过图形的复制粘贴、平移与旋转等创设出一幅美丽的图案。

在部分设计中，我们想让学生进行建筑设计，如在iPad中可以随意画出所需长度的线段，根据线段画出设想的平面图，构建出立体建筑。通过建筑软件，可以随意移动建筑方位进行设计等。这个软件在建筑行业普遍流行，若能将该软件中一些简单的信息技术手段融入数学教学中让学生进行项目式学习，也是一个不错的主意。

（二）拓展融合的深度与广度

我们所挖掘的数学与建筑的融合范围依然比较狭窄，深度融合区域主要集中在空间与图形板块，其他板块的融合主要局限于建筑设计、材料等方面，以艺术审美和材料成本为主，名建筑及其历史背景还有待更深地挖掘和融合性思考。

除此之外，能否挖掘出更多有趣、有价值的素材，如环保、智能化、资源的可再生利用、防盗系统、远程控制等，从而真正实现数学与建筑的融合向深度与广度发展。

我们可以建立一个融合库，对于一个数学知识点，有至少一个甚至是多个建筑知识与其进行融合，且每个建筑融合点都生动有趣，教师可以顺手拈来进行教学，不需要太多人做重复的工作。

（三）实现学生的自主参与

在教师的引导下，学生能够很好地完成数学与建筑知识融合课程的学习，但他们没有很强烈的意识——数学与建筑密不可分，甚至没有主动参与到挖掘数学与建筑的融合中去，运用数学知识进行建筑设计。

有些学校开设了木工课程，学生把建筑跟历史、地理等学科进行了融合。我们希望学了该融合课程后，学生能够自觉地运用数学知识进行建筑创作，拥有严谨的思维和创新能力，热爱建筑的同时热爱数学，在设计的建筑物中可以看到所呈现的数学思维。

愿景与现实还有很大的距离，但只要我们朝着正确的方向往前走，相信数学与建筑的融合必然会开出绚烂之花！

参 考 文 献

[1]胡早娣.如何确定起跑线：基于STEAM理念的PBL学习实践［J］.小学数学教师.2019（2）：50–54.

[2]刘净.游戏化教学在小学数学课堂教学中的应用［D］.石家庄：河北师范大学，2014.

[3]孙鸿雁.学科整合，提升学生综合素养［J］.中国校外教育（下旬）.2016（2）：47.

[4]杨志成.核心素养的本质追问与实践探析［J］.教育研究，2017（7）：14–20.

[5]陈玉琨，赵永年.教育学文集·教育评价［M］.北京：人民教育出版社，1989.

[6]北京教育行政学院.学校管理的技术与手段［M］.北京：文化艺术出版社，1990.

[7]钱在森.普通教育评价原理与方法［M］.沈阳：辽宁大学出版社，1992.

后 记

　　书稿完成，感慨万千。从创新实践到形成品牌课程再到把它整理成今天这本书，这中间到底经历了多少个没有休息的周六、周日，多少次分组讨论，多少回网络教研和辩论，我们真的已经记不清楚了。今天呈现给大家的每个字，都是经过层层磨难才跃然纸上的。之所以这么说，是因为在把小学数学教材以"数学+建筑融合"的方式进行设计、实施的过程中，我们可以参考和借鉴的东西非常有限，一切都靠我们自己，特别是在实验的初期，我们对自己并没有十足的信心，路是在不断自我否定、自我重建的过程中一步步走出来的。我们的教学设计是原创的，为了能把数学知识如何发生、如何运用恰如其分地嵌入经典建筑的搭建中，我们工作室成员整理了1～6年级的所有教学知识点、重难点，同时也整理了国内国外、古代现代的经典建筑的三维图和相关资料，我们不厌其烦地在这两份资料里寻找着两者的契合点，经过多次修改才完成了最终的设计。我们的教具是原创的，每一节数学+建筑融合课都有一件我们自己设计的与经典建筑相关的教具，学生在搭建教具的过程中感受着数学与建筑之间的高度关联，体会着数学学习的价值和意义。我们的跟踪数据是真实而持续的，为了能够让每一次实验课都更具有价值，自始至终我们都在做数据调研，每一次课都有来自学生和老师两种不同角度的问卷反馈信息，这些数据信息为下一轮设计的改进提供了更为科学和客观的指引，让数学+建筑的融合课程实验能够更坚定和信心满满地继续走下去。我们的配套课件、微视频也是原创的，如今我们已经建立了自己的课程资源包，只要想尝试，任何一位老师拿上教具，带上资源包，按照我们设计的教案去执行，一节生动有趣的数学+建筑融合课就可以呈现在孩子们的面前。

　　两年多的时光，这些行动化成了文字，一点点沉淀在纸上，如同一个婴孩的诞生，这其中的曲折、兴奋、迷茫、希望始终缠绕着我们，让我们欲罢不能。

作为这个课题的主持人，面对巨大的压力，我也曾在最困难的时候想过放弃。但周围那么多专家、师长的支持，还有工作室伙伴无怨无悔的追随，又让我着实不忍放弃。此刻，看着这洋洋洒洒20多万字，我感到这一切的付出都是值得的，更从心底感激那些全力支持我们走下去的人。

感谢给予我们巨大信心和肯定的深圳市教育科学研究院的叶文梓院长。

感谢给予课题支持的深圳市福田区教育科学研究院的郭其俊院长。

感谢给予课题支持的深圳市教育科学研究院的李贤博士。

感谢给予课题专业指导的深圳市福田区教育科学研究院的张玉彬部长。

特别感谢黄平宇设计师为我们教具的研发提供的无私帮助。

特别感谢工作室的所有伙伴，陪伴着彼此一起走过这段创新研究的旅程。

感谢有你，感谢坚持！